UNE MACÉDOINE.

TOME TROISIÈME.

DE L'IMPRIMERIE DE J.-B. IMBERT.

UNE MACÉDOINE,

PAR PIGAULT LE BRUN,

MEMBRE DE LA SOCIÉTÉ PHILOTECHNIQUE.

TOME TROISIÈME.

Diversité c'est ma devise.
LA FONTAINE.

SECONDE ÉDITION.

PARIS,
CHEZ BARBA, Libraire au Palais-Royal,
derrière le Théâtre-Français, n° 51.

1817.

UNE MACÉDOINE.

CHAPITRE PREMIER.

Le Duel.

J'étais à peine éveillé, que les idées de la veille se reproduisirent avec violence. Le sommeil réparateur ne m'avait redonné des forces que pour me rendre plus sensible aux indignités dont on accablait Sophie. Cependant l'être le plus exaspéré jouit, au moment du réveil, d'une sorte de liberté d'esprit, qui lui permet, jusqu'à certain point, de raisonner sa position et ses démarches.

Je pensai, je réfléchis. Je m'avouai à moi-même que ce qu'on appelle le point d'honneur n'est qu'une misérable chimère; que la gloire d'un duéliste ressemble à ces météores qui éblouissent un moment, mais qui renversent l'ordre, et que la raison range au nombre des fléaux. Je sentais que le moyen le plus sûr d'achever de perdre une femme dans l'opinion des honnêtes gens, était de se battre pour elle: la plus estimable est vraiment celle dont on parle le moins.

Si je succombe, d'ailleurs, j'ajoute aux peines d'une femme que j'adore et dont je suis si tendrement aimé. La mort de mon adversaire ne lui rendra pas le repos. Dans l'un ou l'autre cas, au contraire, la malignité la poursuivra avec plus d'acharnement que jamais.

Cependant, pardonner à ceux qui attaquent Sophie dans sa réputation, et qui m'ont séparé d'elle, est un effort de prudence qui me paraît impossible. Laisser le calomniateur impuni, c'est avoir l'air de le craindre, c'est lui assurer un double triomphe. Un galant homme n'a que la ressource du combat singulier pour châtier un polisson qui a un rang dans le monde, et qui n'a pas violé les lois écrites.

Le sort en est jeté. Je m'abandonne à l'ascendant irrésistible de deux sensations qui m'occupent exclusivement, qui se lient, se confondent ; la vengeance et l'amour. Je me vois sur le pré ; je fonds sur mon adversaire ; je le perce de part en part, et je souris du rire affreux de la haine.... de la haine !... Hé ! qu'a-t-elle de condamnable lorsqu'elle est si cruellement provoquée ? C'est trop long-temps discuter : je cède à la soif de punir.

« George, faites-moi donner à
» dîner. »

Il prévoit tout, ce bon George : je suis servi à la minute. Je dîne, mon Jean-Jacques ouvert à côté de moi. Je tiens le volume où se trouve l'apologie et l'examen raisonné du duel. Julie ne veut pas que Saint-Preux se batte, voilà tout. Elle croit raisonner lorsqu'elle n'est que sensible. Ses argumens les plus spécieux ne sortent point de sa tête ; ils partent du fond d'un cœur alarmé. Elle écrit ce que me dirait Sophie, si elle soupçonnait mon dessein. Sophie ferait son devoir : je ferai le mien.

Je veux prendre une épée, et le grand costume oblige à en porter une. « George, donnez-moi un habit brodé, » un chapeau à plumet ; n'importe lesquels. »

Je vais sortir, courir dans vingt hôtels, et je me conduirai selon les circonstances.

« Mon carrosse..... Chez la baronne
» de Quincy. » C'est là que se rassemblent de vieilles coquettes, qui se consolent du malheur de ne plus plaire en dénigrant la jeunesse, et en jugeant l'innocence d'après elles.

Le cercle est nombreux. On se lève, on me salue en souriant. On se replace, on me regarde, on se parle à l'oreille. Il est clair que je suis l'objet de l'attention générale......... Trouverai-je ici ce que je cherche ?

Les hommes aussi se permettent de chuchoter ! Je me sens rouge de colère. Je les fixe les uns après les autres, de manière à leur faire baisser les yeux. Que quelques femmelettes fassent ou disent des sottises, peu m'importe ! après tout ! Mais des hommes ! j'ai l'épée au côté.

On annonce mesdames d'Allival et de Valport. Elles passent près de moi ;

je ne daigne pas les apercevoir. Elles vont s'asseoir près de la baronne. Elles lui parlent bas. Elles éclatent de rire en me regardant. Les misérables!

Deux hommes s'approchent d'elles. Je ne les connais pas ; mais je vois clairement que ce sont les amans d'aujourd'hui. Ils paieront cher ce triste et court honneur, si j'apprends qu'ils aient parlé de Sophie! Le cercle se resserre autour de la baronne. Le rire se communique de proche en proche. Je ne me possède plus. Je vais faire un éclat. Il sera terrible.

Mais à qui m'en prendrai-je? que dirai-je, puisqu'on ne m'adresse rien qui m'autorise à faire une scène ? Sais-je d'ailleurs si ces deux hommes sont coupables? Justifierai-je des bruits injurieux, en me déclarant, sans le moindre à-propos, le défenseur d'une femme, dont on ne parle pas, assez haut du moins pour que je puisse l'entendre? Oh! si un mot, un seul mot arrivait jusqu'à moi!

S'il vient ce mot, je me tairai. Mais je tâcherai de connaître les auteurs de la calomnie; je leur chercherai une querelle étrangère à tout ceci, une querelle sans fondement. Je passerai pour un brutal : mais je n'aurai pas compromis Sophie, et je l'aurai vengée.

La baronne se lève. Elle vient à moi, elle me conduit dans un coin du salon. « Qu'avez-vous? vous paraissez in-
» quiet, agité. — Je vous avoue, ma-
» dame, que je trouve assez extraor-
» dinaire que tout le monde rie ici,
» excepté moi. Cette conduite ne s'ac-
» corde point avec les usages admis
» entre gens bien nés. — Convenez de
» bien des petites choses dont nous
» parlons là-bas, et ce rire qui vous of-
» fense n'aura rien que de flatteur pour
» vous. Être bien, au mieux avec une

» des plus jolies femmes de Paris; l'en-
» tendre dire à l'oreille dans les cercles
» les plus brillans ; fixer l'envie d'un
» sexe et la jalousie de l'autre, c'est
» beau, très-beau. J'avoue qu'on s'égaie
» un peu sur le compte de la jolie
» femme. Mais que vous importe ? avec
» une figure comme la vôtre, on se doit
» à la société ; on ne prend d'amour
» que ce qu'il en faut pour s'amuser
» quelques momens, et on ne s'inté-
» resse pas bien vivement au sort à ve-
» nir de l'objet du jour. — Je vous pro-
» teste que je n'entends rien à tout ce
» que vous me dites. — Pardonnez-
» moi, et je suis très-sûre que ceux qui
» ont fait courir cette histoire ont servi
» votre amour-propre, et que vous leur
» en savez très-bon gré. — Je voudrais
» les connaître pour les désabuser. —
» Les désabuser ! cela n'est pas possi-
» ble, et je ne crois pas que ce soit réel-
» ment votre intention. Un homme

» à bonnes fortunes être modeste ! —
» Je ne suis pas un homme à bonnes
» fortunes, madame. Ce rôle-là ne s'ac-
» corde point avec ma façon de penser.
» — De la discrétion ! fi, quel ridicule !
» heureusement pour nos plaisirs, mes-
» sieurs de Solignac et de Vercelles
» nous ont mises au courant. Ils sont
» vraiment vos amis, ils ont publié par-
« tout votre triomphe. »

Jamais homme ne fut plus profondément blessé ; jamais il n'en coûta autant à personne pour se contenir. La rage était dans mon cœur, et un sourire forcé sur mes lèvres. Je regrettais de n'être pas né dans cette classe où la colère s'exprime avec les poings. J'aurais écrasé la baronne, Solignac et Vercelles. Quels sont-ils ? sans doute les amans nouveaux des d'Allival et des Valport. Peut-être les faveurs de ces créatures ont-elles été le prix de la diffamation de l'innocence. On les nommera dans la soirée, ces êtres aussi vils que leurs maîtresses ! Ecoutons.

La baronne ne me quitte pas. Elle m'entraîne au milieu du cercle de corruption. Je ne sais si ma physionomie en impose, ou si elle peint quelque chose de ce qui se passe dans mon intérieur ; mais le rire s'éteint à mon approche ; l'embarras perce. Peut-être éprouve-t-on des remords.... Les remords sont un reste de vertu : il n'y en a point ici.

On emploie le moyen ordinaire pour se dispenser d'avoir une idée, et surtout une idée honnête : on fait venir des cartes.

J'en suis bien aise. J'aurai une contenance quelconque : je serai plus difficile à pénétrer.

On arrange une bouillotte. On m'invite à faire un boston avec la Valport, Vercelles et Solignac : on me les a nommés ; je les connais.

Me faire jouer avec de pareils individus! est-ce une nouvelle perfidie? Peut-on m'exposer au trait malin, à ces mots équivoques que saisit toujours celui qui est intéressé à bien entendre? Ne sent-on pas que c'est une tragédie qu'on prépare?... Oh! elle sera sanglante.

La partie commence. Je me possède; je montre un sang-froid dont je ne me croyais pas susceptible. Je parais être à mon jeu.

Je joue tout de travers; je perds les plus beaux coups. J'attends, pour rompre toute mesure, un léger reproche de mes partenaires. Ils payent et se taisent.... Je les ferai parler.

Je tiens en cœur avec madame de Valport. Je lui fais manquer toutes les levées, et je lui dis qu'on ne prend pas les cartes quand on joue avec aussi peu d'intelligence qu'elle. Vercelles me répond avec aigreur que ce ton est déplacé à l'égard d'une femme, et que madame de Valport joue mieux que moi. Je lui réplique très-haut qu'il en a menti.

Solignac me met la main sur la bouche : je m'écrie qu'on ne touche pas un homme comme moi au visage, et je lui jette les cartes à la tête.

Un murmure d'improbation s'élève de toutes parts. Mesdames d'Allival et de Valport s'écrient qu'il est affreux de se porter à de pareils excès..... Elles en ont bien d'autres à se reprocher ! Solignac et Vercelles me lancent des regards foudroyans. Ils sont braves ; tant mieux.

La baronne se met entre nous. Elle se plaint sans ménagement. Elle ne conçoit pas que j'aie pu manquer aux égards dûs à sa maison en sa présence. « J'avoue, madame, que je suis le plus » mauvais joueur de l'Europe. Je ne » suis pas maître de moi quand je perds.

» J'ai insulté ces messieurs d'une ma-
» nière qui éloigne toute espèce d'ac-
» commodement, je le sais; mais on
» sait aussi, entre hommes, comment
» doit se terminer une pareille affaire. »
Je pris mon chapeau; je sortis brusquement. J'attendis sous le vestibule Solignac et Vercelles : ils ne tardèrent pas
à paraître.

Vercelles m'adressa quelques mots
sur des procédés auxquels, disait-il, il
n'était pas fait. Je lui coupai la parole.
« Point d'explications, monsieur; je ne
» les aime pas. — Hé bien! monsieur,
» demain, à six heures du matin, au bois
» de Vincennes. — J'y serai. Quelles
» sont vos armes? — L'épée. — Soit. »

Je rentrai chez moi, enchanté de la
tournure que prenaient les choses. J'allais venger madame de Mirville sans
que son nom ait été prononcé : je trouve
une lettre...... c'est la première qu'elle
m'écrit. Quel charme, quelle délica-

tesse, quel abandon! elle entre dans des détails affligeans, et le sentiment perce à chaque ligne; il la soutient, il la console. Sa mère est totalement désabusée; mais le monde est fortement prévenu. Elle se repose sur madame d'Ermeuil du soin de détruire les plus fâcheuses impressions. Elle n'a de force, de courage, de volonté que pour aimer. Elle a prouvé à sa mère sa tendresse et sa soumission : le reste lui est indifférent. Elle veut me voir, quoi qu'on en doive dire; elle m'attend demain à midi.... à midi! et à six heures du matin, peut-être.... Ah! Dieu, mon Dieu, l'aurais-je vue pour la dernière fois!

Je m'efforce d'éloigner cette idée; elle se reproduit sans cesse. Elle me suit dans toutes les pièces de mon appartement, où je cherche à lui échapper; elle me torture; elle me désespère.

Que je lui écrive! Qu'il lui reste au

moins quelque chose de moi ! Je me mets à mon secrétaire.... que vois-je ! mon portrait, peint par Augustin. Je l'avais oublié depuis long-temps. Il ne doit pas me ressembler aujourd'hui : j'étais tranquille, heureux quand on l'a fait. N'importe ! il ressemblera pour Sophie : elle m'a toujours vu ce que je suis sur l'ivoire. Je mettrai ma lettre dans la boîte. Je la lui enverrai par George.... Oh ! combien ce portrait peut lui être précieux demain ! demain, peut-être, il s'effacera sous les larmes.... les miennes sont prêtes à couler. Je me sens faiblir. Revenons à nous ; soyons homme : il faut vaincre pour Sophie et pour moi.

J'écris. Mon cœur est un volcan ; la lave roule sur le papier. J'ai dit beaucoup, et il me semble avoir tout à dire encore. Une feuille succède à l'autre ; je ne peux m'arrêter.... Hé ! mais....

n'ai-je pas un moyen de plus pour satisfaire à mon inépuisable tendresse? Je n'ai qu'un parent, qu'un cousin éloigné, que je n'ai jamais vu.... Non, je ne serai pas injuste à son égard, en me montrant généreux envers Sophie. Je lui donne le tiers de mon bien : le reste à celle pour qui sera mon dernier soupir.

...... N'est-il pas quelqu'un encore que je ne verrai plus, mais que je ne dois pas oublier en exprimant mes dernières volontés? Je n'ai pu faire son bonheur : qu'au moins je lui fasse quelque bien. Mille écus de rentes à Fanchette.

Je roule mon papier. Je le passe dans l'anneau d'un des tiroirs de mon secrétaire : c'est le premier meuble qu'on ouvrira, si je succombe...... si je succombe! Finir à la fleur de mon âge! au moment où l'amour me comble de ses dons les plus précieux ! ne jamais revoir Sophie !... Oh ! mon Dieu, mon Dieu !

Un mot à Soulanges. « Je me bats
» demain avec messieurs de Solignac
» et de Vercelles. Ce sont des infâmes,
» que j'ai lieu cependant de croire gens
» de cœur. Mais, comme je ne les connais absolument pas, soyez chez moi
» à cinq heures du matin. L'arme convenue est l'épée.

» L'affaire est de nature à ne pouvoir
» être arrangée. Ainsi, il est inutile d'en
» parler à qui que ce soit. »

Il est minuit : nos amis doivent être rentrés. « George, vous trouverez pro-
» bablement encore M. de Soulanges
» chez la comtesse d'Ermeuil. Portez-
» lui cette lettre. Remettez-la en main
» propre.

» Passez ensuite rue Cérutti, n° 15,
» chez la mère de madame de Mirvillé.
» Vous demanderez à parler à la jeune

» dame. Vous lui donnerez cette boîte.
» — Monsieur ne se couche pas ? — Je
» n'ai besoin de personne. Dites en sor-
» tant à mon cocher que je monte en
» voiture à cinq heures du matin. »

George est parti. Je sens la nécessité de prendre quelque repos. Je me
jette sur mon lit, à moitié déshabillé.
Mon sang est en fermentation; le sommeil fuit; et, si mes yeux se ferment
un moment, je ne suis pas moins agité.
A chaque fois que je m'éveille, j'invoque le retour de la lumière. Je me lève
avec le soleil, la tête pesante, les membres brisés. Qu'est-ce donc que je vais
faire? une action juste ou louable m'a-
t-elle jamais tourmenté?.... il n'est plus
temps de rien examiner.

Soulanges paraît; Préval le suit : ils
ont leurs épées. « Il n'existe pas un
» doute, me dit Soulanges, sur la va-
» leur de Solignac et de Vercelles. Mais
» ils affichent publiquement le mépris

» des mœurs; et de la dépravation au
» crime il n'y a souvent qu'un pas.
» J'ai pensé que peut-être ils ne seront
» pas seuls, et j'ai prié monsieur de
» m'accompagner. »

Préval, que je connais très-superficiellement, m'assure de son dévouement. Je crois moins à l'intérêt que je lui inspire, qu'au désir d'humilier madame de Valport, en la faisant connaître à son amant. Quel que soit son motif, j'accepte ses services.

Cinq heures sonnent. Chaque coup de marteau me frappent au cœur. Je rouvre mon secrétaire; je reprends la lettre de Sophie; je la relis; je la porte sur ce cœur navré; je la resserre avec respect; je donne la clef de mon secrétaire à Soulanges..... je prends mon épée.

« Monsieur, monsieur, me dit Geor-
» ge hors de lui, il se passe quelque
» chose d'extraordinaire. Jamais vous

» ne sortez si matin. — Silence! Geor-
» ge. » Le bonhomme tombe à mes
pieds, il embrasse mes genoux : « Di-
» tes-moi, s'écria-t-il en sanglotant,
» ce que vous voulez faire de cette
» épée..... ces messieurs ont la leur, et
» vous êtes tous trois en fracs.... Vous
» ne répondez pas! ayez quelques
» égards pour mes longs services ; ayez
» pitié de mes cheveux blancs. » Ce
n'est pas assez d'être bourrelé d'amour :
il faut encore souffrir pour l'amitié.....
oui, l'amitié. Au moment, où peut-
être je vais perdre la vie, les distances
disparaissent devant moi. George est
mon ami; il me le prouve depuis que
j'existe. Je le relève, je le presse dans
mes bras.... je suis obligé d'employer
toutes mes forces pour me dégager des
siens. Je sors, je fuis.

J'entends George qui m'appelle à
haute voix, qui ordonne à mon suisse
de refermer la porte cochère, qui dé-

fend à mon cocher de marcher. Ces bonnes gens voient nos épées. Incertains, irrésolus, ils se parlent, ils se consultent; c'est à George qu'ils obéissent. Je ne suis plus maître chez moi.

Bientôt un bruit effrayant se fait entendre. Je tourne la tête..... George, en descendant précipitamment, est tombé; il a roulé les degrés, sa figure est ensanglantée. Je cours à lui, je l'enlève, je le porte chez mon suisse. « Qu'on lui prodigue les secours, et » qu'on aille à l'instant appeler mon » chirurgien. » La porte s'entr'ouvre, je m'échappe, je cours à pied. Soulanges et Préval sont derrière moi; ils m'appellent; je m'arrête; je tire ma montre..... cinq heures et un quart! « Il est » impossible, avec une voiture de louage, » d'être à six heures à Vincennes. Je » suis un homme déshonoré. »

Soulanges retourne à mon hôtel. Le suisse lave la plaie de George; mon cocher est allé chercher le chirurgien; mes domestiques sont dispersés dans la rue, sans doute pour observer la route que nous allons tenir. Soulanges ouvre la porte; il saute sur le siége; il sort ventre à terre. Le cocher avait ouvert la portière pour me recevoir; il n'a pas eu le temps de la refermer; nous nous élançons, Préval et moi; Soulanges hache mes chevaux à coups de fouet.

Bientôt nous sentons la caisse tiraillée par derrière. Je regarde.... Trois de mes domestiques sont montés. Ce sont des jeunes gens qui n'ont pas eu le temps encore de s'attacher à moi; il sera facile de les contenir.

Au détour du boulevard, nous sentons une nouvelle secousse. Je sors la tête; un de mes gens est descendu. Un autre descend à la place de la Bastille; le troisième quitte la voiture au haut du faubourg Saint-Antoine. Que veulent-ils faire? Que m'importe! Je suis défait de tout surveillant importun.

Nous sommes au-delà de la barrière du Trône ; j'ai encore un quart-d'heure à moi. J'arriverai.... Étrange empressement!

Nous nous arrêtons devant l'auberge qui est à l'entrée du bois. Une voiture arrive au grand trot. Solignac, Vercelles, deux inconnus en descendent et viennent à nous. Je marche en avant ; je m'enfonce dans le jeune taillis, à droite ; je m'arrête dans une clairière. Je regarde autour de moi.... « Soyez tran- » quille, me dit Soulanges ; tout se » passera dans les règles. » Je jette mon frac, et je me mets en garde.

Solignac est celui que j'ai le plus grièvement insulté : il se présente le premier. Nos fers se croisent ; je l'attaque ; il pare ; il tire ; je riposte.... Je le vois chanceler.... Il tombe.

De ma vie je ne sentirai une angoisse semblable à celle que j'éprouvai en voyant un homme immolé, immolé par moi à un préjugé barbare. L'amour, la vengeance, le faux honneur, toutes les illusions qui nous abusent, disparurent en un instant. Je laissai aller ma tête sur ma poitrine; je m'appuyai sur le pommeau de mon épée sanglante; je tombai dans un profond accablement.

« Monsieur, me dit Vercelles, ce n'est
» point de la sensibilité qu'il faut appor-
» ter ici. Voyons si vous serez aussi
» heureux avec moi que vous venez de
» l'être avec le pauvre Solignac. Ma foi,
» lui répond Préval, vous êtes bien bon
» de vous déclarer le chevalier de ma-
» dame de Valport. Si vous connaissiez
» comme moi cette.... là, vous ne
» vous battriez que pour n'avoir rien de
» de commun avec elle. Je serai à vous,
» répliqua Vercelles, quand j'aurai fini
» avec monsieur. »

Il m'attaque vivement. Je ne pense

plus à vaincre; je ne sais pas même si je tiens encore à la vie; je me défends machinalement..... Une fraîcheur au mamelon droit me fait juger que je suis frappé. Mes yeux se voilent; mes idées s'éteignent; mes genoux faiblissent; tout disparaît devant moi.

CHAPITRE II.

La Convalescence.

Mes yeux se rouvrent. Je les porte autour de moi..... Où suis-je? Quelle est cette chambre?.... Une femme à genoux, qui paraît prier; une autre au pied de mon lit, dans l'attitude du désespoir; un vieillard assis, la figure cachée dans ses deux mains.........
« Rendez-le-moi, mon Dieu, dit à « demi-voix la femme qui prie. » Cette voix ne m'est pas inconnue; mais je ne puis encore fixer mes idées.

Je veux parler........ Je n'ai pas la force d'articuler un son. Mais je sens que je reviens à la vie, quoique je ne reconnaisse point ceux qui sont autour de moi.

Ils craignent de voir ma figure; ils tremblent d'y lire mon arrêt de mort. Comment modérer leurs alarmes, leur faire connaître que j'existe, lorsque je suis sans haleine, lorsque je me sens incapable du moindre mouvement?... Un profond soupir les rappelle près de moi.

« Ses yeux sont ouverts, s'écrie
« l'une. Espérons, madame; il vivra.
« Mon Dieu, Dieu de miséricorde,
« s'écrie l'autre, ne décevez pas ce fai-
« ble espoir; n'abusez pas votre souf-
« frante et soumise créature. — Mon
« maître, mon cher maître!... » Tous trois m'entourent, me pressent, m'enlacent dans leurs bras. Je les fixe, les uns après les autres, d'un œil égaré, incertain sans doute.... Je les reconnais. Sophie tient une de mes mains; Fanchette a saisi l'autre. Elles les mouillent de leurs larmes. « Ah, me dit So-
« phie, celles-ci sont des larmes de

« plaisir. » Georges s'éloigne pour me cacher les siennes.

La comtesse et son ami entrèrent. « Que faites-vous, dit Soulanges ! vou-« lez-vous lui ravir un souffle de vie ? « Eloignez - vous tous trois. Passez « dans la pièce voisine. Permettez que « celles qui sont ici pour le servir s'ap-« prochent enfin de lui. » Georges paraissait disposé à sortir; Sophie et Fanchette n'entendaient rien. Penchées l'une et l'autre sur moi, elles cherchaient la vie dans mes yeux ; leurs mains rappelaient la chaleur fugitive sur mes joues, sur mon front. Soulanges fut obligé de réitérer sa prière. Il le fit avec une fermeté, qui ne leur permit pas de résister. Elles sortirent, et je vis entrer deux sœurs grises. Respectables filles ! elles ne sont guidées que par le zèle de la charité, et leurs soins sont ceux de l'amour le plus tendre, ceux que m'ont sans doute rendus jusqu'à ce moment... Ah, je puis les nommer, les voir même dans l'état où je me trouve. Sophie et Fanchette ne sont pas dangereuses pour moi : ce qui me reste de sang est glacé.

« Vos médecins et vos chirurgiens,
« me dit Soulanges, ont expressément
« défendu qu'on vous laissât parler,
« quand vous reviendriez à vous. Je lis
« sur votre physionomie une sorte
« d'anxiété, qui n'est peut-être que le
« désir de savoir ce qui s'est passé de-
« puis que vous êtes privé du senti-
« ment. Je vais vous satisfaire, sous la
« condition que vous ne direz pas un
« mot. » Il était bien inutile de me recommander le silence.

« Lorsque vous êtes tombé, Ver-
« celles a provoqué Préval, et il a eu le
« sort de Solignac. Cette affaire est donc
« absolument terminée ; mais souvenez-
« vous, mon cher ami, qu'on n'en
« cherche pas, quand on est aussi sen-

3.

« sible que vous à la mort d'un homme.
« Vous vous êtes battu avec Vercelles
« comme quelqu'un qui veut se faire
« tuer, et il s'en est bien peu fallu que
« vous y ayez réussi.

« On s'est hâté de porter dans votre
« carrosse Solignac et Vercelles. Mais
« vous sentez dans quel embarras nous
« nous sommes trouvés Préval et moi,
« quand nous avons jugé que vous ne
« pouviez supporter le mouvement
« d'une voiture quelconque. Nous ne
« cessions de proposer, et nous ne trou-
« vions rien que d'inexécutable.

« La blessure de Georges était à peine
« bandée, qu'il a fait mettre un cheval
« à votre cabriolet. Il a pris le chemin
« du boulevard, par un sentiment na-
« turel à ceux qui sont en peine et qui
« cherchent quelqu'un : on sait qu'on
« découvrira de plus loin sur une route
« large et droite que dans une rue étran-
« glée. Le domestique, qui est descendu

« le premier de derrière votre voiture,
« a conduit Georges jusqu'à la Bastille ;
« le second l'a mené jusqu'au haut du
« faubourg, et le troisième au bois de
« Vincennes. Ils avaient espéré voir
« quelqu'un de votre connaissance, quel-
« qu'un qui a de l'empire sur vous, et
« qu'ils mettraient ainsi sur vos traces :
« voilà les motifs de leur conduite,
« qui vous a paru inexplicable et à moi
« aussi.

« Ils sont arrivés tous quatre, et
« m'ont trouvé délibérant encore avec
« Préval sur ce que nous avions à faire.
« Il est inutile de vous dire dans quel état
« est tombé Georges, quand il a pu
« juger du vôtre : vous le connaissez.
« La douleur ne lui a pas ôté le courage.
« Il a couru à l'auberge qui est à l'entrée
« du bois ; il a fait apporter un matelas
« et une couverture ; vos jeunes gens
« avaient coupé des perches et des
« harts. Nous avons fait une espèce

« de brancard et nous avons entrepris
« de vous porter à votre hôtel. Beau-
« coup de gens se sont offerts pour nous
« relayer ; mais nous avons jugé que
« vous éviter une secousse, c'était peut-
« être vous sauver la vie : un ami se
« prête, se ploie à tout; l'homme sa-
« larié ne pense qu'à gagner son argent.

« Nous étions excédés tous six en
« arrivant à la barrière. Préval et moi
« sur-tout éprouvions dans tous nos
« membres un mal, une roideur, qui
« ne nous permettaient plus d'agir. Il a
« fallu arrêter.

« Il était convenu avec ceux qui ac-
« compagnaient Vercelles et Solignac
« qu'on répondrait aux commis qui fe-
« raient des questions : que le plat-fond
« d'une salle à manger de Saint-Maur
« était tombé sur sept à huit personnes
« qui déjeunaient ; que les deux qu'on
« rapportait dans le carrosse avaient
« été tuées sur la place, et qu'on crai-

« gnait pour la vie d'une autre qu'on
« allait essayer de transporter.

« En nous reposant, il a fallu entrer
« avec les commis dans des détails, qui
« ne se sont peut-être pas accordés avec
« ce qu'ont imaginé les amis de Soli-
« gnac et de Vercelles sur la chute de ce
« plat-fond. Au reste, j'ai déclaré, pour
« éloigner tout soupçon, qu'aucun de
« nous n'avait été témoin de l'accident.

« Cependant vous paraissiez à cha-
« que instant vous affaiblir davantage.
« Nous avons oublié la fatigue et nous
« nous sommes remis au brancard.
« Nous sommes parvenus, avec des
« efforts incroyables, en face de la place
« de la Bastille, et là, nous allions céder
« à un découragement absolu, lorsque
« Georges s'est souvenu que nous n'é-
« tions qu'à quelques pas de la boutique
« de Fanchette. Il nous a assurés qu'elle
« vous recevrait avec empressement.
« Nous nous sommes décidés à vous

« porter chez elle, dussions-nous suc-
« comber sous le faix.

« Notre espérance n'a pas été déçue.
« Vous devez à Fanchette les premiers
« secours qu'il a été possible de vous
« donner. Nous vous avons laissé à sa
« garde, après vous avoir mis dans ce
« lit. Préval et moi avons couru chez les
« chirurgiens et les médecins du quar-
« tier; Georges est allé à l'hôtel prendre
« du linge et bien des petites choses qui
« vous sont nécessaires. Il y a trouvé
« madame de Mirville. Égaré encore,
« tremblant pour votre vie, il a annoncé
« comme certain le malheur que nous
« redoutions tous; il en a cité les prin-
« cipales circonstances; il a indiqué le
« lieu où vous étiez mourant: un quart
« d'heure après, madame de Mirville
« est entrée dans cette chambre, d'où
« elle vient de sortir pour la première
« fois.

« Vous avez été saigné cinq fois en

« trente-six heures. Hier, pendant toute
« la journée, les gens de l'art n'ont rien
« pu prononcer. Ils ont commencé à
« espérer ce matin, et je reconnais avec
« une satisfaction indicible la justesse
« de leurs pronostics. »

Ce que je compris de ce récit, trop long pour la faiblesse de mes organes, c'est que j'avais causé bien des peines de toute espèce à mes amis, et que j'étais chez Fanchette. Je n'aurais pu rendre aucune des circonstances particulières rapportées par Soulanges, si depuis il ne me les avait répétées.

Je me rappelle pourtant que je fus étonné de la réserve avec laquelle il avait parlé de Sophie et de Fanchette, qui toutes deux avaient dû prendre à cet événement une part.... et puis cette boutique, qui s'était trouvée là si à propos, qui avait été si promptement garnie, que Georges connaissait si bien !... il était plus que vraisemblable que Georges avait été mon agent, et mes motifs aux yeux d'un homme du monde ne pouvaient s'accorder avec mon amour pour madame de Mirville. Que de circonstances propres à éclairer quelqu'un moins pénétrant que Soulanges! et pas un mot de tout cela! il a voulu ménager ma sensibilité, ou il a craint de s'expliquer devant madame d'Ermeuil.

Cependant l'attention que je lui avais donnée, et cette suite de réflexions avaient épuisé ce qui me restait de forces : je retombai dans un accablement profond. Un certain mouvement, que je démêlai autour de moi, m'en tira bientôt. J'étais entouré de gens de l'art, qui consultaient sur mon état. Sophie et Fanchette, debout au pied de mon lit, gardaient un morne silence ; elles retenaient leur haleine ; leurs yeux, constamment fixés sur ceux des chirurgiens et des médecins, y cherchaient l'espérance. « Il y a de la fatigue « et de l'engorgement, dit un de ces

« messieurs, qui paraissait avoir de l'as-
« cendant sur les autres. Il faut rou-
« vrir la veine, ne point parler au ma-
« lade, ne pas lui permettre de parler,
« et le tenir au bouillon de poulet. »

On me saigna; je perdis encore le sentiment. Quand je revins à moi, je reconnus près de mon lit Soulanges, un médecin, un chirurgien, et nos bonnes sœurs grises. Je crus entendre dans la chambre voisine un bruit sourd, qui ressemblait à des gémissemens. Je pensai que ce pouvait être une illusion de mon cerveau vide et dérangé. Cependant je portai mes regards de ce côté. Soulanges sortit; je n'entendis plus rien, et je cessai de m'occuper de cela. J'ai su depuis que Sophie et Fanchette avaient cru me perdre une seconde fois, et qu'elles s'abandonnaient à la plus vive douleur.

Cette crise fut la dernière. Sur le soir, il y eut un changement en bien tellement prononcé, que le chirurgien et le médecin se retirèrent, en recommandant qu'on ne s'écartât en rien du régime prescrit. Mes idées étaient encore sans suite, mais d'une netteté rassurante pour moi, pour moi seul, puisqu'il m'était défendu de les communiquer.

La comtesse se leva. Soulanges et elle me souhaitèrent une nuit tranquille. Ma physionomie leur exprima ma reconnaissance. « Il nous entend, il nous
« répond, dit Soulanges. Nous aurons
« avant huit jours la satisfaction de le
« voir convalescent. Madame de Mir-
« ville va sans doute se retirer avec nous.
« — Me retirer, monsieur! l'abandon-
« ner mourant, et mourant pour moi!
« — Permettez-moi de vous observer
« que voilà deux nuits que vous passez.
« — J'en passerai cent. Je ne quitterai
« pas l'amant le plus tendre, le premier
« des hommes estimables. Je ne renon-
« cerai pas au bonheur de suivre, de

« saisir le retour de la vie dans ses
« veines épuisées ; ne l'espérez pas. —
« Mais, ma chère amie, votre mère, le
« monde.... — Le monde, toujours le
« monde, madame la comtesse ! Si mon
« ami l'eût apprécié comme moi, il n'au-
« rait pas exposé sa vie, la mienne, et
« peut-être celle de Fanchette.... Ma
« mère ! ma mère sait que je l'adore,
« que sa présence m'est nécessaire
« comme.... comme l'air que je respire.
« Elle me plaint ; elle a pitié de moi.
« Bonsoir, mes amis. A demain. »

Je repassai dans ma tête certaines expressions de Sophie. « S'il avait connu
« le monde comme moi, il n'aurait pas
« exposé sa vie, la mienne, et peut-
« être celle de Fanchette ! » Elle sait
l'intérêt que j'inspire à Fanchette, et je
suis à ses yeux le premier des hommes
estimables ! Je n'y conçois rien ; je m'y
perds.

Fanchette me prépare un bouillon.
Sophie le prend, me le présente ; elle

remet la tasse à Fanchette, en lui souriant avec affection ; Fanchette lui sourit à son tour.... elles sont de la meilleure intelligence, et elles ne font pas un mouvement, elles n'ont pas une idée, qui ne soient inspiration d'amour... tout cela s'expliquera sans doute.

Combien nous sommes dépendans des circonstances ! un événement imprévu change tout mon être. Je suis calme, dénué même de sensations auprès de deux femmes dont le seul aspect me jetait dans une sorte de délire ; je regardais à peine deux petites sœurs, dont les traits piquans eussent au moins fixé mon attention deux jours auparavant : je ne suis plus moi. Serait-il vrai que la violence de nos passions tient au plus ou au moins de chaleur de notre sang ? que de gens on sauverait du déshonneur, ou du supplice, si on les saignait à propos !

Je m'endormis, en réfléchissant à mille autres choses, étrangères à tout ce qui m'intéressait, et qui se présentaient à mon esprit sans ordre, sans liaison. Pourquoi l'idée, le mot même que nous cherchons semblent-ils nous fuir ? Ne suis-je pas le maître de m'occuper exclusivement de tel ou tel objet, comme il suffit de ma volonté pour remuer un doigt ? Mon cerveau ressemblerait-il à une raquette, susceptible de renvoyer les objets qui la frappent, sans puissance pour les choisir ?... Fi donc, voilà du matérialisme. Quoi qu'il en soit de mon cerveau, je dormis d'un sommeil doux et tranquille, et il était grand jour lorsque je m'éveillai.

Tout dormait autour de moi, à l'exception de Sophie. « Elle veille, et Fanchette dort ! » Je prononçai ces mots involontairement, mais assez haut pour être entendu. « Ah, me répondit So-
« phie tressaillante de joie, laissons-la
« dormir. Si vous saviez ce qu'a souf-
« fert cette digne fille, les fatigues ex-

« cessives qu'elles a supportées, vous la
« plaindriez. Moi, je l'aime de tout mon
« cœur, parce qu'elle vous aime, parce
« qu'elle s'est attachée à vous par la re-
« connaissance. Combien elle est digne
« de tout ce que vous avez fait pour
« elle!... A propos, je vous dois mille
« et mille remercîmens. La tirer de l'é-
« tat de domesticité, lui assurer un
« sort indépendant, uniquement parce
« qu'elle a paru me plaire! porter la mo-
« destie au point de la faire partir se-
« crètement, pour vous dérober, selon
« votre usage, à des éloges bien méri-
« tés, et m'établir votre légataire, au
« moment où vous alliez mourir pour
« moi!... Les trésors de l'univers ne
« m'eussent pas consolée de ta perte;
« mais cet acte de générosité ne me
« dit-il pas que ton dernier soupir eût
« été pour ta Sophie? » Elle m'embrassa
tendrement, si tendrement! « Je ne di-
« rai plus rien à mon ami : les méde-

« cins défendent de lui parler. Mais
« pouvais-je résister au besoin de lui
« adresser quelques mots de consola-
« tion et d'amour ! »

Fanchette étendit les bras. « Il a par-
« lé, ma chère amie ; il a parlé distinc-
« tement, s'écria Sophie. Il vivra pour
« moi, pour jouir du bien qu'il vous a
« fait, et que vous méritez à tant de
« titres ! Ah, Fanchette, comme la joie
« t'embellit ! il n'y a plus de traces de
« lassitude sur cette figure-là. »

Fanchette fit un mouvement vers
mon lit, et s'arrêta. « Embrasse-le aussi,
« bonne Fanchette : il te doit ce prix
« de tes soins. » Fanchette me baisa,
« bien modestement, au front. Elle
était rouge comme du corail.

Il est clair que mademoiselle Fanchette a fait une histoire à Sophie sur
sa boutique de mercerie, et sur sa disparition subite du château d'Ermeuil.
Elle a couvert les alarmes de l'amour
du voile innocent de la reconnais-

sance.... Mensonges sur mensonges ! que je suis injuste! A-t-il dépendu d'elle de modérer ses transports, lorsque, sans l'avoir prévenue de rien, on m'a offert mourant à ses yeux, et pouvait-elle avouer le secret de son cœur ?

Mais comment Sophie a-t-elle eu connaissance de mes dernières volontés ?.... Ah, Soulanges aura donné à Georges la clef de mon secrétaire pour y prendre de l'argent. Sophie était à l'hôtel ; le papier, roulé dans l'anneau du tiroir, l'a frappée : elle l'a lu. Me voilà au courant.

Je passai trois jours encore dans mon lit, traité en véritable enfant gâté. Fanchette, enhardie, donnait, à ce qu'elle appelait la reconnaissance, autant de baisers que Sophie à l'amour. Je parlais peu ; on me répondait longuement, et toujours pour me dire quelque chose de doux ou de flatteur. Mes petites sœurs, elles-mêmes, bien dévotes, mais gaies comme la folie décente, remarquaient en moi certain air de langueur, qui m'allait à merveille. Si elles l'avaient osé, elles m'auraient baisé aussi.

Une fois, au moins, dans la journée, Soulanges et la comtesse venaient ajouter à l'enjouement général. Soulanges ne paraissait pas croire beaucoup aux baisers de reconnaissance : je surprenais quelquefois certain sourire en-dessous, qui confirmait mes craintes à cet égard.... Fanchette, dans les premiers momens, aura mis son cœur à nu.... au reste, je peux compter sur la discrétion de Soulanges.

Je reçus le jour suivant une visite, à laquelle je ne m'attendais pas. Je vis entrer dans ma chambre Claire, Eustache, et leurs parens. Ils me trouvèrent dans un fauteuil, et leurs figures rembrunies s'épanouirent à l'instant. Je reçus les félicitations et les embrassades de ces bonnes gens : celles-là étaient bien à la reconnaissance.

Fanchette leur avait écrit que s'ils voulaient revoir leur bienfaiteur, ils n'avaient pas un moment à perdre : ils étaient accourus. Le mariage devait se faire le jour même. « Mais, me dit la « petite Claire, il n'y a de plaisir pour « personne, quand on craint pour mon- « sieur. Nous avons remis la fête, pour « venir vous pleurer, ou nous réjouir « près de vous. » Dites-moi, messieurs les spéculateurs, placez-vous souvent de l'argent comme cela ?

« Mes amis, votre bonheur ne sera « pas différé. Mes yeux, fermés depuis « plusieurs jours, se rouvrent au sou- « rire des heureux que je vais faire. « Bonne petite Fanchette, où est Geor- « ges ? il me semble qu'il y a long-temps « que je l'ai vu. — Monsieur, il s'est « mis à la tête de votre maison. Mais il

« vient, où il envoie souvent savoir
« comment vous êtes.—Va le chercher,
« Eustache. C'est le moyen de l'avoir
« plus tôt : un amoureux de ton âge doit
« avoir des ailes. »

Je demandai bien bas à Claire si elle s'était encore perdue depuis mon départ du château. Elle répondit non : ses yeux disaient oui.

Mes docteurs entrent en corps. Ils prononcent gravement que l'art m'a sauvé. Je crois que la nature a fait au moins autant que l'art. Ah, laissons-leur le petit plaisir d'annoncer par-tout la cure merveilleuse.

Mon régime est changé. On me permet un riz au gras, le blanc de poulet et deux doigts de vin *généreux*. J'ajouterai quelque chose à cela de mon autorité privée : je me trouve en appétit. il y a beaucoup d'analogie entre les médecins et les confesseurs : tout-puissans sous la faux de la mort, à mesure qu'elle s'éloigne ils perdent de leur autorité ; il ne leur en reste bientôt que l'espoir de la ressaisir à la première occasion.

Ah, voici Georges. « Mon vieil ami,
« vous allez conduire toute cette famille
« dans un hôtel garni, où vous les lo-
« gerez convenablement. Vous irez, rue
« Notre-Dame-des-Victoires, arrêter
« une diligence entière pour Beauvais.
« Vous mettrez dans les coffres les pro-
« visions nécessaires pour un dîner de
« noces de campagne, et demain vous
« ferez partir ces braves gens-là. Ah, le
« lendemain du mariage, Servent, sa
« femme et ses enfans viendront s'éta-
« blir à ma maison de la Chaussée d'An-
« tin. Servent ne sait pas encore ce que
« c'est que garder une porte ; mais il
« ne faut pas bien du temps pour ap-
« prendre à ne rien faire, à brûler le
« bois et l'huile du propriétaire, et à

» répondre monsieur est visible, ou il
» ne l'est pas.

» Après demain, vers onze heures,
» je penserai qu'on se marie là-bas ; et
» pensers de mariage ont toujours
» quelque chose d'agréable. Je verrai
» d'ici le dîner, qui ne vaudra pas celui
» qu'avait arrangé du Reynel; mais un
» repas est toujours bon, quand il
» amène les tapes sur l'épaule. N'est-il
» pas vrai, Eustache ?

» A propos de du Reynel, pourquoi
» donc ne l'ai-je pas vu ? Monsieur,
» me répond George, je n'ai pas cru
» nécessaire de dire à tout Paris que
» vous êtes chez mademoiselle Fan-
» chette; mais tout Paris s'est fait écrire
» à votre porte.

» —Adieu Claire, adieu Eustache ;
» adieu Tachard, adieu père et mère
» Servent ; adieu aussi aux petits frères..

» Ah! ces pauvres enfans paraîtront-
» ils à la noce comme les voilà! Geor-
» ge, vous les ferez habiller sur le quai
» de l'Ecole. »

Vous jugez bien que je recueillis
encore quelques bénédictions. Mes
petites sœurs voulurent savoir pourquoi
on me bénissait. Fanchette leur raconta
avec beaucoup d'emphase ce que je
vous ai dit très-simplement; et, pendant
qu'elle contait, je prenais mon potage,
je croquais l'aile de poulet, une aile
tout entière, ma foi!

Hé! mais, les petites sœurs, enchan-
tées du récit de mademoiselle Fanchette,
me bénissent aussi. Elles prétendent
que j'ai tout ce qu'il faut pour faire un
saint. « La canonisation le plus tard possible, mes chères sœurs! »

J'ordonnai, j'exigeai que Sophie,
Fanchette et une de mes religieuses

s'allassent coucher. Elles résistaient : je déclarai que je ne me coucherais moi-même que quand elles seraient sorties. Elles cédèrent à la crainte de me voir abuser de mes forces renaissantes. Sophie envoya chercher un carrosse de place; elle offrit un lit à l'une des sœurs; Fanchette se retira, je ne sais où, et je restai seul avec la petite sœur Élisabeth, la plus jolie des deux.

A la manière dont elle s'y prit pour me déshabiller, il fallait qu'elle eût une haute idée de ma sainteté, ou la conviction intime de mon impuissance. Je remarquai, moi, qu'elle avait tout ce qu'il faut pour damner un élu.

Je dormis fort bien, quoique je fusse auprès d'une très-jolie fille. Mais je m'aperçus le matin que le diable et le vin de Beaune ne tarderaient pas à agir, et qu'il était temps de congédier les petites sœurs, si je voulais me conduire en homme à principes. Je résolus de rappeler George : une figure de soixante ans est pour moi le plus puissant des exorcismes.

CHAPITRE III.

Oh! comme la santé me revient!

Fanchette rentra de très-bonne heure, un consommé à la main; je ne vis plus la sœur Elisabeth : qui peut-on voir auprès de Fanchette ? Oh! qu'elle me paraît bien, cette Fanchette! La douleur siérait-elle aux femmes? ou reviens-je à la vie avec des organes nouveaux? Il me semble voir Fanchette pour la première fois; mes yeux ne peuvent se détacher du visage charmant. « Prenez » donc garde, monsieur ; votre bouillon » tombe sur vos draps. » Je pense bien à mon bouillon, vraiment!

Pourquoi baisse-t-elle ses yeux noirs, elle qui aime tant à chercher dans les miens l'amour et la volupté? Les yeux baissés et un teint incarnat !..... Il y a contradiction. Ah! sœur Élisabeth est là ; elle en impose...... J'ai déjà grand besoin de la présence de George.

Le voilà. Qu'il soit le bien venu. «George, vos soins me suffiront désor- » mais. Donnez cent francs à la sœur » Élisabeth, que je remercie du fond » du cœur, et qui ira prendre sa com- » pagne chez madame de Mirville.— » Monsieur, nous ne recevons jamais » d'argent. — Non? George, du café, » du sucre, des liqueurs.... Une grande » caisse bien remplie. Vous la ferez por- » ter à la communauté. Une provision » particulière pour les deux bonnes » sœurs, dont j'ai tant à me louer!»

George part. La sœur Élisabeth se lève et me fait une révérence... un peu mondaine. Jolie petite sœur! Fanchette la retient jusqu'au retour de George, sous le prétexte qu'elle est obligée de veiller sur sa boutique. Elle n'y veillait pas les jours précédens. Que signifie cette fantaisie ? De la légèreté, du caprice ? Fanchette ne serait-elle qu'une femme comme il y en a tant ?

« Sœur Elisabeth, le lit me fatigue, » me déplaît ; je voudrais me lever. » Sœur Elisabeth s'empresse et m'habille. Fanchette ne lui aide pas. Elle se recule ; elle semble craindre de me toucher. Cette conduite est inexplicable.

Je suis piqué, très-piqué. J'ai renoncé à elle ; mais je n'entends pas qu'elle cesse de m'aimer.... Voilà bien l'injustice la plus complète ! J'en conviens ; mais qu'a-t-elle ? Je veux le savoir.

Et moi aussi, je trouve des prétextes, quand j'en ai besoin. « Fanchette, je » voudrais voir votre petit ménage, » l'arrangement de votre boutique. » Elle ne peut refuser, elle vient à moi, elle m'offre son bras. Son visage est serein ; mais elle ne me regarde pas.

Je me promène avec elle dans la boutique, dans l'arrière-boutique, dans sa petite cuisine. Je remarque en gros l'élégance d'une propreté recherchée ; les détails m'échappent, parce que je cherche des mots qui la forcent à une explication, en éloignant tout espoir d'un rapprochement. Je ne trouve rien qui remplisse ce double but. Que diable ! je n'ai jamais passé pour un sot. Ah ! les cordes de la raquette ne sont pas tout à fait retendues.

Elle s'arrête ; elle me regarde enfin ; elle paraît aussi préoccupée que moi. Elle m'avance un siége ; elle me fait asseoir ; elle se tient debout devant moi.... Elle va parler, bon. Elle donnera lieu à une réponse, et une phrase en amène toujours une autre.

« Monsieur, j'ai amené, dans des cir-
» constances bien différentes, ces mo-
» mens si doux où j'épuisais dans vos
» bras la volupté et ma vie. Je sais com-

» ment se termine entre nous une con-
» versation particulière, et ce n'est pas
» pour moi seule que je dois vous aimer.
» Vous n'avez pas un mouvement se-
» cret, une pensée d'amour, qui m'é-
» chappent ; et je veux vous sauver de
» vous-même. Il faut rentrer à votre
» hôtel. Madame de Mirville vous aime
» passionnément ; mais sa vertu lui est
» plus chère que son amour ; vous serez
» en sûreté avec elle. Ici vous perdrez
» la vie, parce que demain, ce soir,
» dans une heure peut-être, je n'aurai
» plus la force de me vaincre ; je n'aurai
» pas même celle de le vouloir. Partez,
» monsieur, emportez avec vous mon
» cœur et tout mon être ; emportez
» jusqu'au souvenir de quelques jours
» heureux que j'ai dûs à votre présence.
» Mais si madame de Mirville consent
» à vous donner la main ; si le charme
» de cette union suffit à votre cœur,
» souvenez-vous alors de la rue Saint-

» Antoine ; venez sans crainte voir
» quelquefois Fanchette. Elle ne vous
» dira pas un mot d'amour. Elle respec-
» tera le nœud qui vous liera à une autre.
» Jusque-là elle ne doit rien à madame
» de Mirville, et vous rendre mainte-
» nant à sa tendresse, à ses innocentes
» mais voluptueuses caresses, est l'ef-
» fort le plus pénible que puisse faire
» une femme qui aime autant que
» moi. »

Dames du grand monde, dont on respecte la naissance et le rang, dont on recherche l'esprit, les grâces, la beauté, que celle de vous qui égale Fanchette en délicatesse, en dévouement, condamne les transports que j'éprouvai en écoutant cette fille unique ! Je la presse dans mes bras ; mon cœur bat contre son cœur ; mes lèvres cherchent ses lèvres.... « Laissez-moi,
» monsieur, par grâce laissez-moi. Ne
» voyez-vous pas que je brûle ? Ayez

» pitié de nous deux. » Elle se dégage, elle fuit. Elle va retrouver sa raison et des forces auprès de la sœur Elisabeth.

George rentre. Un crocheteur est à la porte ; il ploie sous la caisse de friandises : tant mieux ! Mes bonnes sœurs se souviendront quelque temps de moi.

Sophie et la compagne d'Elisabeth paraissent, et il n'est que huit heures ! Qu'elle est bonne, attentive, prévenante, cette chère Sophie ! « Madame, » lui dit Fanchette, monsieur a résolu » de retourner chez lui. Il sent qu'il est » déplacé ici, et vous encore davan- » tage. J'ai besoin à deux pas de son » hôtel pour des affaires de commerce, » que j'ai négligées depuis douze jours. » Je vais lui envoyer son carrosse. » Elle n'attend pas de réponse ; elle s'éloigne. Sans doute elle veut éviter un dernier adieu : un dernier adieu est si cruel pour un cœur tendre !

George va chercher un fiacre. Il y met les deux sœurs et la caisse. Il ferme la boutique, et retourne à l'hôtel pour y préparer ce qu'il me faut. Me voilà seul avec Sophie. Depuis que j'ai été blessé, c'est la première fois qu'elle est seule avec moi.

Que de charmes ! que de grâces dans tous ses mouvemens ! Quelle douce et pure volupté dans toute sa personne ! Quel tendre et entier abandon ! Quelles expressions enchanteresses ! C'est ainsi que parlait l'amour, quand il avait son innocence.... Laquelle des deux aimai-je le plus ?

Nous avions souvent été seuls au château d'Ermeuil ; mais les portes étaient ouvertes. Sophie d'ailleurs se défiait d'elle et de moi.

Aujourd'hui un reste de pâleur lui persuade que je ne suis pas à redouter encore. Sa confiance est entière, et je jure sur mon honneur que je ne pensais pas à en abuser.

Elle est assise sur mes genoux ; elle a un bras passé autour de moi ; l'autre main, que je couvre de baisers, ne s'échappe que pour effleurer mes yeux, mes joues, être reprise et dévorée encore. Elle oublie une longue contrainte; elle veut prendre du bonheur pour l'époque très-prochaine où elle sera obligée de s'observer...... Déjà je ne suis plus à moi, et ses lèvres fixées sur les miennes achèvent de m'égarer. Le siège que j'occupe se renverse; le lit auquel il touche prévient une chute........ Il en amène une autre... Lit heureux... Lit !.....

« Ne pleure pas, mon amie ; oh ! ne
» pleure pas. Ma fortune, ma main,
» mon cœur, ma vie, tout n'est-il pas
» à toi ? Permets que j'essuye tes lar-
» mes; que les plus tendres baisers

« en tarissent la source.... » Elle est au désespoir; elle me repousse; elle fuit à l'extrémité de la chambre; elle se jette à genoux sur le carreau; elle demande pardon à Dieu pour elle et pour moi. En me nommant, elle se tourne, elle me regarde avec une expression qui a quelque chose de céleste. Je m'élance, je suis à genoux auprès d'elle, je prie avec elle.... Le Dieu de Sophie doit être le mien.

Cet acte de piété modère sa douleur. « Il se repent aussi, mon Dieu! il vous » demande grâce; pardonnez-nous à » tous deux. Ah! mon ami, que ce » péché a de charmes, et qu'il est cruel » d'être obligés de nous le reprocher! » Péché charmant! la privation que je » m'imposerai désormais est plus que » suffisante pour t'expier. »

Nous étions à genoux l'un à côté de l'autre. Nos mains élevées vers le ciel se rencontrèrent, je ne sais comment...

Ma bouche retrouve sa bouche; je respire son haleine, et son haleine est dévorante. « Ah ! m'écriai-je, les patriar-
» ches se mariaient-ils autrement, et les
» patriarches n'étaient-ils pas les enfans
» chéris de ton Dieu ? — Crois-tu que
» nous puissions les imiter? crois-tu
» que Dieu l'ordonne? crois-tu du
» moins qu'il le permette?... Oh! oui;
» mon ange, je reconnais sa volonté à
» ce torrent de délices qui coule dans
» mes veines; tant de félicité ne peut
» venir que du ciel. Mon Dieu! j'ac-
» cepte vos bienfaits, je cède à votre
» puissance. »

Je l'enlève, je la reporte sur l'autel... Où donc ai-je pris tant de forces?...... Je vais les épuiser tout-à-fait........ On frappe à coups redoublés à la porte de la rue.... Je ne puis me présenter; et le moindre délai donnera des soupçons. Sophie va ouvrir, sans réfléchir au désordre..... Soulanges se présente. Dans quel état il me voit !

J'avoue que je ne sus que lui dire; Sophie, en proie au plus pénible embarras, cachait dans un coin sa rougeur, sa modeste honte : Soulanges savait tout. « Je ne suis point un rigo-
» riste, nous dit-il ; remettez-vous tous
» deux, et souvenez-vous à l'avenir que
» les plaisirs arrangés ont rarement des
» suites, et qu'une surprise des sens
» en a presque toujours. — Oh ! oui,
» monsieur de Soulanges, une surprise
» des sens, c'est bien cela ! Hélas, je
» bravais le monde quand j'étais inno-
» cente ; qu'imaginera-t-il maintenant,
» qui aille au-delà de la vérité ? Que je
» suis malheureuse ! Que d'années il
» me reste encore pour pleurer la faute
» d'un moment !

» — Madame, des larmes n'ont ja-
» mais réparé un malheur, et ce qui

» vient de se passer n'a rien en soi d'af-
» fligeant, mais doit amener des ré-
» flexions utiles. Ce que j'ai vu, et la
» santé bien prouvée de votre ami,
» m'autorisent à vous dire clairement
» ce que j'ai cru devoir vous cacher jus-
» qu'ici. Je vais vous parler raison à
» tous deux : écoutez-moi.

» Comment monsieur a-t-il pu se
» flatter que le public prendrait le
» change sur son affaire avec Solignac
» et Vercelles? L'homme le mieux élévé,
» le plus décent, s'est imaginé qu'on le
» verrait entrer dans une maison que
» les gens comme lui ne fréquentent
» pas sans lui supposer des intentions.
» L'homme le plus doux, le moins in-
» téressé, a cru qu'on attribuerait à la
» perte de quelques fiches des excès
» auxquels ne le porterait pas la ruine
» absolue de sa fortune. Personne n'a
» été dupe du stratagème; et le len-
» demain de ce combat on a dit par-

« tout que monsieur avait pris un
» moyen détourné pour attaquer les
» ennemis de sa maîtresse........ Oui,
» madame, de sa maîtresse. On a épié
» vos démarches : votre disparition,
» votre séjour ici, n'ont été un secret
» pour personne. Enfin je tranche le
» mot : votre réputation est perdue.

» Votre mère, que vous ne voyez plus,
» et qui a tant besoin de consolation,
» gémit de votre absence et des bruits
» affreux qui circulent dans le monde.
» Hier soir elle est venue me trouver;
» elle m'a supplié, les larmes aux yeux,
» de vous ramener dans ses bras. Que
» je la voie, disait-elle, une heure, un
» moment; que je l'embrasse, et qu'elle
» sorte de Paris, où elle ne peut plus
» se montrer. Si elle le désire, je passerai
» avec elle le reste de ma vie ; nous irons
» nous établir dans une de nos terres.
» L'absence éteindra ce funeste amour..
» —Jamais, monsieur de Soulanges, ja-

» mais. Il fait partie de mon être ; il
» ne dépend plus de moi de le surmon-
» ter.

» — Hé bien ! madame, il est un
» moyen de tout concilier, d'imposer
» silence aux méchans, de vous réta-
» blir dans l'estime des gens honnêtes,
» de rendre le repos à votre mère,
» d'assurer votre bonheur et celui de
» votre ami. Quelqu'éloignement que
» vous ayez pour le mariage, vous de-
» vez sentir qu'il est votre unique res-
» source, et vous avez l'âme trop belle
» pour ne pas vouloir vous tirer de
» l'opprobre où des circonstances mal-
» heureuses vous ont plongée. Réflé-
» chissez, madame, et songez que, quelle
» que soit votre détermination, je me
» suis engagé à en instruire votre mère.

» — Je verrai ma mère, je la verrai
» aujourd'hui. Je pleurerai avec elle ;
» mais je ne peux ni l'épouser, ni me
» séparer de lui. »

Je tombai à ses pieds. Je la priai, je la suppliai. Je mêlai aux expressions brûlantes de l'amour ce que le raisonnement a de plus fort; je lui rappelai ce que les bienséances ont de respectable. Sa tête était penchée sur mon épaule; elle tenait mes mains dans les siennes; je sentais ses larmes couler sur ma joue, et elle ne répondait rien
« Pense donc! ô ma Sophie, que tu
« t'es donnée à moi, que tu es réelle-
» ment mon épouse, que la cérémonie
» ne peut rien ajouter à mes droits, et
» que je ne la sollicite que pour te faire
» remonter au rang des femmes respec-
» tables. »

Ce dernier raisonnement l'a ébranlée. Soulanges joint ses prières aux miennes. Elle relève sa tête charmante.

« Tu le veux, mon ami; vous le voulez
» tous deux; ma mère le veut aussi;
» vous m'assurez tous que ce sacrifice
» est nécessaire: c'en est assez; je me

» résigne. Je te perdrai ; tu cesseras
» d'aimer ta Sophie ; mais tu seras son
» époux. »

Je croyais n'avoir besoin, pour la rassurer, que de laisser parler mon cœur. Ce cœur, ivre de plaisir, mais avide d'espérance, parait l'avenir d'un coloris enchanteur. Il peignait la jouissance sans nuage, la constance sans langueur. Exalté, délirant, il allait se fondre dans celui de Sophie ; il y portait le feu divin qui l'embrasait. Bientôt ces deux cœurs vibrèrent à l'unisson, et Soulangés n'entendit plus que des soupirs brûlans.

Tout à coup elle se dégage de mes bras, elle se lève, et me regardant fixemet : « Et Mirville aussi m'avait dit les
» mêmes choses ; sa voix avait le même
» charme ; comme la tienne, elle péné-
» trait au fond de mon cœur ; il était
» sincère comme tu l'es en ce moment.

» J'ai cru Mirville, et Mirville m'a trahie.

» On n'a plus rien à craindre, ni à
» espérer de sa femme. On tremble de
» perdre une maîtresse chérie, et cette
» crainte est l'aliment continuel de l'a-
» mour. Jamais tu ne seras mon époux.

» On dit dans le monde que je suis ta
» maîtresse. Hé bien ! je le serai ; je
» mettrai ma gloire et mon bonheur à
» l'être. Je te donne le reste de ma vie ;
» je te sacrifie ma vertu, parce que je
» crois que c'est le seul moyen d'être
» long-temps aimée, et que je ne peux
» vivre que de ton amour. Viens, suis-
» moi, partons, allons cacher notre fé-
» licité dans ma terre de Champagne. »

Soulanges lui fit de sérieuses représentations sur l'inconvenance de cette démarche. « Hé ! que me font les con-
» venances ? Les méchans m'ont-ils
» épargnée quand je m'y suis soumise ?
» Ils m'ont appris à tout braver.

» — Et votre mère, madame ! — Ma
» mère !... ma mère !... Non, il ne
» faut pas qu'elle soit malheureuse. Elle
» partira avec nous. Elle y consentira.
» Elle a connu l'amour, et son cœur
» n'est pas flétri encore ; il ne portera
» pas le désespoir dans le mien. Réponds-
» moi, mon ami, veux-tu me suivre !
» — Si je le veux, Sophie ! »

Soulanges allait insister. Je crus qu'il avait fait ce qu'exigeaient de lui l'amitié et la raison : je le priai de ne pas aller plus loin.

« Permettez-moi, dit-il, une der-
» nière réflexion. Vous allez partir,
» madame, partir avec votre amant !
» Vous allez vous livrer sans réserve à
» des sensations depuis long-temps as-
» soupies, et qu'il vient de réveiller si
» malheureusement. Mais croyez-vous
» qu'il puisse suffire au délire qui vous
» égare tous deux ? Avez-vous oublié

» qu'il était mourant il y a quatorze
» jours, et que vous demandiez à Dieu
» sa vie pour unique grâce?

» Oh! voilà de l'amitié, lui dit-elle,
» en l'embrassant avec affection. Qu'al-
» lais-je faire, mon ami! retourne chez
» toi. Je jure, à la face du ciel, de ne te
» pas voir d'un mois. Ce mois, je l'em-
» ploierai à gagner ma mère, à embel-
» lir ta retraite, à penser à toi, à t'écrire,
» à relire tes lettres. Monsieur de Sou-
» langes, avez-vous là votre carrosse?
» — Oui, madame. — Faites-moi le
» plaisir de me reconduire. »

Je m'avançais pour l'embrasser.
» Non, mon ami, non, plus de bai-
» sers aujourd'hui; ils sont trop dan-
» gereux. Dans un mois!.... dans un
» mois!.... »

Elle se retira avec Soulanges. Je les conduisis jusqu'à leur carrosse. Le mien arriva un instant après. George en descendit. Je le laissai pour veiller à tout, jusqu'au retour de Fanchette, et je rentrai chez moi au milieu des acclamations de mes bons domestiques.

CHAPITRE IV.

Les deux Lettres.

Me voilà seul avec George, qui s'ingère de me tenir compagnie et de vouloir m'amuser. Il débute par une longue sortie contre les duels, il peint la douleur de la famille du vaincu, l'embarras de celle du vainqueur, le désespoir des épouses, des amantes, quand il y en a. Son discours improvisé est décousu, délayé, quelquefois inintelligible, et cependant il y a par-ci par-là des idées neuves, fortes, attachantes. George, sans étude et sans préparation, prêche presqu'aussi bien que l'abbé Aubry.

Cependant, comme le sermon le plus court est toujours le meilleur, je priai George de finir. « Oh! monsieur, je

» sais de quoi il faut vous parler pour
» fixer votre attention. » Le rusé m'entretient de cinq à six femmes, toutes plus jolies les unes que les autres ; il arrive assez naturellement à la sœur Élisabeth, et par une transition toute simple, il passe à Fanchette, de laquelle il parle avec une complaisance ! C'est là qu'il en voulait venir.

Le bon homme me connaît bien ! Je m'assis et je l'écoutai avec une extrême attention. « Qu'elle est jolie cette Fan-
» chette ! Hé bien ! monsieur, son cœur
» est au-dessus de sa figure. Quand on
» vous a apporté chez elle, le saisisse-
» ment, la crainte, la reconnaissance
» l'ont fait extravaguer pendant plus
» d'une heure. » La reconnaissance ! Le mot est bien trouvé. « Elle gémis-
» sait ; elle baisait, elle suçait votre
» plaie ; elle vous donnait les noms les
» plus tendres. Je ne sais où elle allait
» les chercher : il n'y a qu'un roman,

» ou une tête dérangée qui s'exprime
» ainsi. Et puis, ses larmes s'arrêtaient;
» ses yeux devenaient fixes; une pâleur
» mortelle lui couvrait le visage; ses
» dents se serraient; ses bras se roi-
» dissaient; je croyais qu'elle allait mou-
» rir avec vous. — Oh! comme tu l'as
» fort bien observé, mon vieil ami, le
» saisissement, la crainte.... Et Sou-
» langes était-il présent à cette scène-là?
» —Comment, monsieur, s'il était pré-
» sent! C'est lui qui a rendu mademoi-
» selle Fanchette à elle-même; Il lui a
» frotté les tempes et le dedans des
» mains avec du vinaigre; il lui a ôté
» ses jarretières; il a coupé le lacet de
» son corset..... — En voilà assez, en
» voilà assez. Quelles que soient vos idées
» sur tout cela, vous voudrez bien,
» George, ne les communiquer à per-
» sonne. Voyez si mon cuisinier s'oc-
» cupe de moi. »

Trop aimante, trop confiante Fanchette ! tu as sucé ma plaie ! C'est peut-être à toi que je suis redevable de la vie, et lorsque tu fais tout pour moi seul, et rien pour toi, que tu crains que mon âme s'exhale entre tes bras, que tu maîtrises tes sens, toujours agités près de moi; que tu me crois en sûreté auprès de Sophie, c'est avec elle, c'est chez toi, c'est sur ton propre...... Ah ! Fanchette, divine Fanchette, pardonne-moi une infidélité..... Que dis-je ? N'ai-je pas connu, aimé Sophie la première ?.... Hé ! non, non, il n'y a ici ni primauté, ni distinction, ni préférence. Je ne suis infidèle à aucune. Je leur suis fidèle à toutes deux.

La singularité de cette conclusion me frappa au point, que j'éclatai de rire comme un fou. L'affaire la plus importante a toujours un côté plaisant, et c'est celui-là qui se présente au rieur. Lorsque pendant trois grands actes d'une tragédie nouvelle, le public a traité avec ménagement des rois et des princesses, il suffit d'un quolibet pour faire tomber l'échafaudage, et les têtes couronnées ne sont plus que des pantins. Que de pantins dans ce monde pour celui qui voit de près et qui voit bien !

Ma gaieté se soutint pendant quelques instans, et je pensai avec assez d'aisance au passé et à mon avenir. Je réfléchis d'abord que Soulanges avait mes deux secrets, quoique je ne lui en eusse confié aucun. Mais ne sais-je pas le sien, quoique jamais il ne m'ait dit un mot de sa liaison avec la comtesse? et n'est-il pas tacitement arrêté entre les gens du monde qu'on devinera, qu'on verra tout, et qu'on ne dira rien.

Pourquoi a-t-il adressé ses réflexions à Sophie uniquement, et pas un mot à moi ? Ah ! ce qu'il sait de Fanchette lui persuade que mon cœur est partagé; qu'ainsi je suis capable d'un sacrifice, et que je contribuerai volontiers à rendre Sophie à elle-même et aux bienséances. Je ferai tout pour la vaincre et la conduire à l'autel. Mais la quitter!

Comment cette adorable Sophie si candide, si pure, si attachée aux principes, a-t-elle tout oublié en un instant? comment l'attrait du plaisir et la crainte de perdre mon cœur l'ont-ils portée au parti le plus extrême ? C'est qu'il est plus facile d'imposer un silence absolu à ses sens, que d'en régler l'usage; c'est que l'athlète le plus vigoureux se lasse enfin de combattre; c'est que la voix impérieuse des sens est plus forte que la morale des livres, que ces préceptes que nous avons tous à la bouche, et que nous transgressons si facilement. Et moi aussi, ne parlé-je pas comme Bourdaloue sur le danger des passions, quand elles cessent de m'agiter? Il faut cependant que la morale soit quelque chose de respectable, puisque nous affectons tous de la respecter. Allons, allons, cette affectation n'est pas générale. D'ailleurs elle peut conduire les hommes à vouloir devenir meilleurs. Peut-être un jour me vouerai-je exclusivement au culte de la morale, et jusque-là qu'aurai-je à me reprocher? D'aimer passionément un sexe enchanteur: c'est le péché des gens honnêtes, et puis, j'ai toujours remarqué qu'un homme qui n'aime pas les femmes est sans énergie, sans imagination, un automate enfin, et ma foi, je serais très-fâché de ressembler à cet homme-là.

« Que me veut monsieur George,
» avec cet air affairé? — Monsieur, ma-
» demoiselle Fanchette est venue de-
» mander en bas si la voiture ne vous a
» pas incommodé. — Et où est-elle cette

» séduisante Fanchette ! Allez, courez,
» allez donc, priez-la de monter. —
» Monsieur, je le lui ai proposé. Elle
» s'est retirée, en disant que vous aviez
» besoin de repos. — J'ai besoin de re-
» pos ! et qui lui a dit cela ? J'ai besoin
» de la voir, de lui parler ; je ne l'ai pas
» remerciée encore de ce qu'elle a fait
» pour moi. Pourquoi l'avoir laissé
» aller, vous qui vous piquez d'être si
» pénétrant ? — J'apporte peut-être à
» monsieur de quoi le dédommager de
» ma maladresse. — Que m'apportez-
» vous qui puisse.... — Une lettre de
» madame de Mirville. — De madame de
» Mirville ! où est-elle cette lettre ! Finis-
» sez-en donc.... assieds-toi là, George.
» Parle-moi de Fanchette. — Monsieur
» ne saurait lire et m'écouter en même
» temps. — Bah ! César dictait à quatre
» sécrétaires en styles différens. »

J'ouvre la lettre.... Oh ! ce n'est pas
l'amour timide qui a dicté celle-ci.

5

C'est Vénus en délire appelant Adonis, l'attirant dans ses bras, brûlant de lui donner l'immortalité. O Sophie, te plaire, te posséder est plus qu'être immortel. « Elle n'est jamais si jolie que » lorsqu'elle prononce votre nom. — » Qui? madame de Mirville? — Non, » monsieur, mademoiselle Fanchette. » Ses joues ressemblent à deux pêches. » — Et ses yeux, George, et ce cou » d'albâtre, et cette gorge divine!.... » *Sa mère s'oppose à mon départ; mais sa résistance s'affaiblit insensiblement, et puisqu'il faut renoncer au monde, que lui importe que nous soyons trois ou deux dans ce château de Champagne? Ne gagnera-t-elle pas en affection et en soins ce que Sophie ne pourrait lui accorder, si je n'étais pas avec elle? Et pour lever tous les scrupules, ne peut-elle prendre mon nom, répandre dans le village qu'un mariage récent.... Hé sans doute. Qu'il*

lui sera doux de le porter ce nom! Et
à moi de le lui donner. « Avez-vous
» remarqué, monsieur, l'effet de ce
» bas de coton à jour ? — Et ce pied
» moulé, George! Et ce bas de jambe!
» Et sa main, sa main dont tu ne
» parles pas..... un peu fatiguée en-
» core ; mais dans quelques semaines...
» — Oh ! monsieur, comme cette main-
» là doit écrire ! — Elle écrit comme
» elle pense, sans art, sans prétention ;
» et ce qu'elle écrit va à l'âme. — Si
» monsieur avait lu la lettre de ma-
» dame de Mirville.... — Hé bien,
» que ferais-tu ? — Je vous remettrais
» un billet que mademoiselle Fan-
» chette m'a laissé en se retirant. —
» Hé! donne, bourreau, donne donc. »
Je suis au milieu de mon ottomane,
la lettre de Sophie à ma droite, celle
de Fanchette à ma gauche. Je les regarde l'une après l'autre ; je ne sais
laquelle prendre. Si une main se porte

6

sur la lettre de Sophie, l'autre saisit celle de Fanchette, et je n'en peux lire qu'une à la fois. Celle dont j'ai lu quelques mots s'échappe et retombe auprès de moi. J'essaie de parcourir la seconde, et je reprends la première. Je quitte celle-ci ; je tiens celle-là... Me voici encore entre mes deux lettres.

« Vous riez, monsieur le plaisant ? » — Hé ! monsieur, qui ne rirait pas ? » Il a raison ; j'extravague. Mais aussi pourquoi m'écrire toutes les deux en même temps ! « George, quand il t'ar-
» rivera deux lettres, tu ne me parleras
» de la seconde, que lorsque tu seras
» bien sûr que j'aurai lu et relu la pre-
» mière. Tiens, emporte celle-ci. Tu
» me la rapporteras quand je sonne-
» rai..... Non, rends-moi cette lettre
» et prends l'autre......... Par grâce,
» prends en une ; celle que tu voudras,
» et va-t-en. »

George ne sait que dire, que faire.

Les deux lettres lui passent alternativement dans les mains. Une d'elles glisse de ses doigts, engourdis par les années, et tombe dans le réchaud à l'esprit de vin, sur lequel il a préparé mon thé. La lettre s'enflamme; je veux la sauver; je ne fais qu'un saut. Je me brûle les doigts ; je renverse le réchaud; l'esprit de vin bouillant tombe dans une de mes pantoufles. Je crie, je jure, je porte la main à mon pied, et quand je me relève, la lettre n'est plus qu'une pincée de cendres.

« George, laquelle des deux est
» brûlée ? — Monsieur, c'est celle de
» madame de Mirville. — Ah! quel
» malheur ! — Non, monsieur, non,
» c'est celle de mademoiselle Fan-
» chette. — Et je n'en ai pas lu quatre
» mots ! Cette perte est irréparable.
» — Rien de si facile à réparer, mon-
» sieur. Je vais aller chez elle, et je la
» prierai de refaire son billet. — Elle

» écrira d'elle-même, et j'aurais eu
» deux lettres au lieu d'une. Tu ne te
» doutes pas, George de ce que c'est
» qu'une lettre de plus ou de moins.
» —Puisqu'elle écrira d'elle-même, il
» est donc inutile que j'aille chez elle.
» —Comment inutile! Hé, savez-vous
» s'il n'y avait rien d'important dans ce
» billet, rien de pressé, rien de......
» Allez, allez vite. Faites-vous donner le
» cabriolet. »

Il est parti..... Où est donc l'autre lettre? La voilà............. Charmante Sophie, je peux te lire, te relire, sans craindre les distractions. Où en suis-je resté?..... *Ah! qu'il me sera doux de porter ton nom! J'attends le moment du départ avec une impatience inexprimable! Je brûle de vivre pour toi, et j'espère en la miséricorde divine : Agar a vécu avec Abraham ; et Dieu ne l'a pas maudite.*

Et par post-scriptum. *On ne m'a pas*

ménagée innocente : on m'épargnera bien moins à présent, et tu ne sais rien supporter. Ne sors pas, bon ami, je t'en conjure. Conserve une vie qui m'est si chère, et qui m'appartient toute entière.

Oh! oui, ma vie est à toi, toute à toi. Te la consacrer, c'est la vouer au bonheur.

Relisons cette lettre. Elle ne renferme pas un mot qui ne doive être gravé dans ma mémoire. Ecrivons à notre tour, et subissons la loi qu'elle impose. Un mois d'arrêt est bien long; mais puis-je lui refuser quelque chose, à elle qui m'a tout accordé ?

Je sonne............ Philippe, portez cette lettre.

Que vais-je faire à présent ? Il est midi............ Dix à onze heures encore à consumer avant de penser à me mettre au lit! Et trente jours ensuite à consumer, à perdre de même! Il n'y a de temps employé que celui qu'on donne à l'amour.

Passons dans ma bibliothèque..........

L'art d'aimer de Bernard..... Bah ! de jolis vers qui ne sont pas faits avec le cœur. Laissons cela.

Le Temple de Gnide..........Encore de l'esprit, beaucoup d'esprit, mais rien que de l'esprit.

Les lettres d'une Péruvienne. Oh c'est une femme, une femme sensible qui a écrit cet ouvrage. Mais je le sais par cœur.

La Nouvelle Héloïse. Quelques lettres brûlantes, de l'éloquence partout. Mais du raisonnement, de l'esprit de système, l'auteur, toujours l'auteur, et c'est de l'amour qu'il me faut, toujours de l'amour; de l'amour tel que je le sens, et que je le peindrais, si j'écrivais comme Jean-Jacques.

Les Grands Hommes de Plutarque.

Pourquoi ce livre-là est-il ici? Des grands hommes qui ne sont pas amoureux! Vive Henri IV : voilà mon héros.

Ma foi, je ne lirai pas............ Que ferai-je donc pendant ce mois éternel? Des romances, paroles et musique : la romance est le premier genre de poésie pour un homme sensible. J'avoue que je fais des vers comme Sédaine, et de la musique comme Duni ; mais le cœur n'est pas difficile sur les productions de l'esprit. D'ailleurs, c'est pour moi seul que je travaillerai. Je me chanterai cela à moi-même, et très-probablement je serai content de moi.

Allons, faisons une romance.

 Il n'est qu'un bonheur dans la vie,
 C'est d'aimer et d'aimer toujours.

Cela est plat, prosaïque.

 L'unique bonheur de la vie
 Est de vivre avec les amours.

Pitoyable jeu de mots. Essayons cependant de finir le couplet.

> L'unique bonheur de la vie.
> Est de vivre avec les amours.
> Heureux qui vit pour sa Sylvie
> Et qui peut lui plaire toujours !

Fi ! fi donc. C'est cela qui devait tomber dans le réchaud. Mes vers n'auront pas les honneurs du bûcher. Je les déchire, et les abandonne aux vents. Que j'ai de confrères, qui devraient se faire justice comme moi !

Philippe, prends cette raquette, mets-toi là, et jouons au volant......... Ce jeu me fatigue, je ne peux continuer. Retourne à l'antichambre.

Ah ! mon bilboquet !............ Le sot jeu ! Que nous sommes à plaindre, nous autres gens du grand monde, qui ne savons rien, que dépenser bien ou mal notre argent ! Quand je m'examine de la tête aux pieds, je trouve que vingt artisans ont travaillé à m'habiller, et je suis incapable de rien faire pour aucun d'eux. Les sots ! ils m'admirent, je les dédaigne, et il est constant que mon cordonnier est plus utile que moi.

Je veux aussi savoir faire quelque chose d'utile. « Philippe, va m'acheter » un tour, et amène-moi un tourneur. » Je tournerai. Quand les bras sont occupés, la tête et le cœur sont tranquilles.

« Hé bien ; George, tu as vu Fan- » chette, tu lui as parlé, elle t'a ré- » pondu. — Oui, monsieur, et comme » nous vous aimons tous deux, il n'a » été question que de vous. — Elle a » écrit, sans doute. — Elle s'y refusait » d'abord. — Comment, elle s'y refu- » sait ! — Mais je lui ai tant répété que » je serais mal reçu, si je n'avais rien à » vous remettre, qu'enfin elle s'est dé- » terminée. Voilà son billet. »

« Je n'ai pu résister ce matin à l'impulsion de mon pauvre cœur; il était navré et incapable de rien calculer. Vous ne m'avez rien promis; je n'ai pas le droit de vous faire des reproches, et j'avais osé vous en adresser. Ce que je vous ai refusé, ce que je devais vous refuser, un autre l'a obtenu, chez moi, au moment même où vous veniez de me presser dans vos bras!...... J'ai reconnu des traces...... Je suis bien aise que vous n'ayez pas lu mon premier billet : je ne veux avoir à vos yeux d'autre tort que celui de vous aimer. »

« Ne te le disais-je pas que la perte
» de ce billet est irréparable? Ces
» tendres plaintes, qu'elle se reproche
» de m'avoir adressées, n'étaient-elles
» pas une preuve nouvelle de son
» amour? Gémit-on de l'infidélité d'un
» homme qu'on a cessé d'aimer? Ce
» pauvre cœur, ce cœur navré m'entre-
» tenait de sa peine, et ses soupirs sont

» perdus pour moi ! Fanchette, chère
» Fanchette, je vole à tes pieds, dans
» tes bras. J'essuierai tes pleurs ; mes
» baisers en tariront la source. Geor-
» ge, qu'on mette les chevaux. — Y
» pensez-vous, monsieur ? Dans l'état
» de faiblesse où vous êtes encore.....
» — J'ai affligé Fanchette ; je ne vois
» que mes torts. Ma voiture, vous dis-
» je. — Permettez-moi, monsieur, de
» vous désobéir. — George, vous abu-
» sez de l'affection que j'ai pour vous.
» Ma voiture ; je la veux. — Hé bien,
» monsieur, souffrez que je retourne
» chez mademoiselle Fanchette. Je lui
» ferai part de votre résolution. Je la
» supplierai de vous épargner une dé-
» marche qui peut vous être funeste.
» Elle me suivra, j'en suis sûr, et pour-
» vu que vous la voyiez, qu'importe que
» ce soit chez elle ou ici ? — Hé bien,
» je consens à l'attendre. Mais dis-lui,

» répète-lui que je pars, si elle n'arrive
» à l'instant.

» Ah!...... Prends mon carrosse,
» baisse les stores.... Encore un mot.
» Je n'y suis pour personne, pour per-
» sonne, entends-tu ? Qu'on dise que
» je repose. »

Reposer ! pas de repos pour moi,
que je n'aie rappelé le sourire sur les
lèvres de Fanchette. J'ouvre ma croi-
sée. Je regarde les voitures qui passent
et repassent. J'appelle Fanchette d'un
bout de Paris à l'autre, et mon carrosse
n'est pas sorti encore...... Le voilà.
Bon, le cocher pique ses chevaux. Il
disparaît...... Quand le reverrai-je ?

CHAPITRE V.

Arrangemens de ménage.

« Monsieur, voilà le tour et le tour-
» neur. — Oh! j'ai bien autre chose en
» tête que ton tour et ton tourneur. Mets
» le tour dans un coin, et le tourneur à la
» porte... » Qu'ai-je ordonné là ? Mes
expressions sont d'une dureté ?...
» Philippe, je ne veux pas que cet
» homme ait été dérangé infructueuse-
» ment pour lui. Qu'il établisse le tour
» dans cette petite pièce qui tient à la salle
» à manger. Qu'il apporte ensuite du bois
» à gâter, le bois nécessaire à un commen-
» çant. — J'avertirai monsieur quand
» tout sera prêt. — Non, tu prendras
» leçon pour moi. Tu tâcheras de profiter,
» entends-tu, et quand j'aurai un mo-
» ment à moi, j'irai te voir travailler. »

Quand j'aurai un moment à moi ! Ne semble-t-il pas à m'entendre que je sois l'homme du monde le plus occupé ; et qu'ai-je fait depuis ma naissance ? Je me suis laissé gâter pendant douze ou quatorze ans. J'ai appris ensuite à monter à cheval, à tirer des armes, à danser. J'ai lu quelques bons livres avec assez de fruit, j'en conviens, mais à quoi cela m'a-t-il mené ? à m'ennuyer à mourir, si je n'étais amoureux. Amoureux ! Ne dirait-on pas qu'il n'est permis de l'être qu'à ceux qui ont cinquante mille livres de rente, un cordon rouge, et des armoiries sur les panneaux de leur carrosse ? Mon tourneur l'a été, l'est ou le sera. Il ne s'exprimera pas comme moi ; mais il se fera entendre à merveilles de l'objet qui parle la même langue que lui. Et puis, faut-il parler pour dire j'aime ? la beauté a-t-elle besoin de répondre pour se faire entendre ? Sous le rapport de l'amour, mon tour-

neur est à mon niveau. Il a sur moi
l'avantage d'une vie active, laborieuse,
qui rend le repos plus doux, les jouissances plus vives..... Allons, allons,
je veux savoir tourner. Je m'imposerai
la tâche de chaque jour. Je ferai des
bonbonnières aux dames, des tabatières
aux hommes. Je renouvellerai toutes les
chaises de ma maison. « Philippe ?......
» le tour est-il monté ? — Oh, pas en-
» core, monsieur. Il faut au moins deux
» ou trois grandes heures..... — N'en-
» tends-je pas un carrosse ?... Oui, c'est
» le mien.... Hé, non.... C'est lui; les
» stores sont baissés ; elle est dans la
» voiture ; elle arrive, je le sens aux
» battemens précipités de mon cœur.
» Va, Philippe, va tourner, et que je
» ne te revoie pas d'aujourd'hui. »

Je sors, je cours au devant d'elle;
je suis au milieu des degrés..... Elle les
monte avec la légèreté d'un oiseau ; mes
bras s'ouvrent : «Que faites-vous, mon-

» sieur ? Allez-vous vous donner en
» spectacle à vos gens ? » Elle arrive en
deux sauts dans ma chambre à coucher ; je la suis ; la porte se ferme ; je
m'approche d'elle et je commence une
explication, qu'il n'est pas facile de
tourner à mon avantage.

Elle m'interrompt et me prie de
l'écouter. Elle va s'asseoir à l'autre extrémité de la chambre. Un air grave
succède à ces traits de flamme qui s'échappent de ses yeux, au vif incarnat
qui couvre ses joues, quand elle est près
de moi. Je remarque une robe perfide,
fermée jusqu'au menton ; un grand
fichu, méchamment croisé par devant
et noué par derrière. Ces précautions
sont d'un fâcheux augure. N'importe,
écoutons-la d'abord, et nous verrons
ensuite. Ce ne serait pas la première
fois que l'amour, placé entre nous deux,
aurait fait taire la raison.

« Je ne suis venue ici, monsieur,

» que par la crainte de vous voir faire
» une démarche aussi déplacée que
» dangereuse. Mais j'ai résolu de mettre
» à ma condescendance deux condi-
» tions, que vous accepterez, si vous
» ne voulez pas que je me retire à l'ins-
» tant. La première, c'est que vous ne
» me direz pas un mot de ce qui s'est
» passé ce matin chez moi. » Cet excès
de générosité me confond et me ravit.
Je me lève, je m'élance..... « N'appro-
» chez pas davantage, monsieur. Re-
» tournez à votre place, je vous en
» prie.

» Voici ma seconde condition. Vous
» laisserez entre nous un intervalle tel
» que je n'aie rien à redouter pour vous
» des suites de cette entrevue.—Quoi !
» Fanchette, vous me croyez capable
» d'un tel empire sur moi-même ! —
» Vous aimez moins que moi, mon-
» sieur, je n'en doute pas, et cependant
» j'ai la force de soumettre mon faible

» cœur. Il souffre cruellement de la
» contrainte que je lui impose; mais
» ma raison l'emportera, et ce que je
» peux, vous le pouvez plus facilement
» encore. »

Je sentais ma tête et mon cœur s'échauffer, s'égarer. Je ne sais ce que je répondis, peut-être des sons vagues, mal articulés qui devaient à l'accent seul toute leur expression. Mais qu'elle est forte et enivrante cette expression d'une âme de feu, pour l'âme qui sympathise avec elle! Les roses reparaissaient sur les joues de Fanchette; le sourire embellissait sa bouche; sa voix tremblante répétait le mot raison, et ce mot voulait dire amour.

Je n'avais pas quitté mon siége, et insensiblement j'étais arrivé au milieu de ma chambre. J'avais les bras étendus vers Fanchette; je l'invoquais, je l'implorais. Ses bras aussi s'étendaient vers moi; son sein palpitait; ses paroles expiraient sur ses lèvres; elle ne balbutiait que des soupirs. Son fauteuil perdait de son immobilité..... Nos mains se rencontrèrent.

« Cet état est insoutenable, dit-elle
» en se levant brusquement. Il faut
» fuir, ou succomber. » Elle court se jeter dans mon cabinet; elle en ferme la porte sur elle. Le rideau qui couvre le vitrage est de mon côté. Je le lève. Je vois Fanchette assise. Ses mains couvrent son visage charmant, et son attitude tient à la fois de la douleur et de la volupté.

Quoi! il n'y a entre moi et le bonheur qu'un misérable carreau de verre, et ce frêle obstacle m'arrêterait! Je prends une raquette; je mets en pièces le carreau qui touche à la serrure; j'allonge le bras...... Fanchette a fermé les deux tours; la clef est sur le parquet, à l'autre bout du cabinet.

J'examine le vide qu'a laissé le car-

3

reau ; je juge qu'il m'est facile de passer. Je prends un tabouret...... Elle tombe à genoux devant moi ; elle me supplie à son tour. Je ne réponds pas ; elle insiste. Je la vois, et je la vois plus belle que jamais. Ses prières me retiennent ; mais ses charmes m'attirent ; je vais fondre mon cœur dans le sien. « J'ai fait tout ce que j'ai pu, s'écrie-t-» elle. Mes forces sont épuisées par la » résistance ; il ne m'en reste que pour » t'aimer. Tu le veux, je me rends. »

Elle va prendre la clef, elle ouvre la porte...... Celle de ma chambre à coucher s'ouvre en même temps........C'est Soulanges.

Pourquoi est-il là ? Pourquoi l'a-t-on laissé monter, malgré ma défense ? Je chasserai mon suisse....... Soulanges me regarde d'un air embarrassé : aurait-il forcé la porte ?

« Mon cher ami, me dit-il, j'avais » résolu de colorer d'un prétexte quel-

» conque mon apparition inattendue.
» Mais je crois que la vérité est préfé-
» rable à de vains subterfuges, surtout
» quand elle fait honneur à quelqu'un.
» George, en allant prendre made-
» moiselle, est entré chez moi. Il m'a
» confié ce qu'elle et vous avez dit et
» fait aujourd'hui. La conduite de ma-
» demoiselle est d'une femme estima-
» ble, et vous êtes l'homme le plus ex-
» traordinaire qui existe. J'ai conclu du
» rapport de George, que vous avez
» besoin d'être gardé à vue, et me
» voilà.

» — Quoi ! George s'ingère de son
» autorité privée de régler mes actions,
» de me donner indirectement des lois !
» Cette audace sera punie. — Son zèle
» sera récompensé. La contradiction
» vous irrite en ce moment. Plus tard
» vous rendrez justice à ce fidèle servi-
» teur.

» Je m'établis chez vous. Je vais faire

» monter un lit dans cette chambre. Je
» ne vous quitterai ni le jour ni la nuit.
» Si vous sortez, je m'attache à vous
» comme votre ombre, et je ne vous
» rendrai à vous-même que quand vous
» serez aussi bien portant que moi.

» Vous êtes trop pénétrant pour ne
» pas sentir que je vous sacrifie quel-
» que chose. Mais l'amitié, sans dé-
» vouement, est tout au plus une liai-
» son. Pourquoi faire la mine, mon
» cher ami? Vous n'y gagnerez rien :
» mon parti est pris.

» Cependant je ne prétends pas por-
» ter mon ascendant jusqu'à la tyran-
» nie. Il faut se relâcher un peu en fa-
» veur des enfans et des fous : j'engage
» mademoiselle à venir dîner tous les
» jours avec nous.

» — Hé! monsieur, pensez-vous à
» ma position, à celle de votre ami, à
» l'indiscrétion des domestiques ? Je
» ne m'occupe pas de moi : j'ai tout sa-

» crifié à l'amour, et ce sacrifice ne m'a
» pas coûté. Mais que dirait-on d'un
» homme bien né, riche, considéré,
» qui ferait exclusivement sa société
» d'une fille sans nom, sans fortune,
» sans état ? — On dira qu'il vous doit
» beaucoup, et que la reconnaissance
» vous a rapprochés. On dira que vous
» lui continuez vos soins. On dira ce
» qu'on voudra; et puisque ce n'est pas
» votre intérêt personnel qui vous ar-
» rête, qu'importe à monsieur, qu'on
» le croie bien avec une des plus jolies
» femmes de Paris. »

Quelle est celle qui n'est pas flattée
d'un éloge amené sans affectation? Une
coquette eût répondu. Fanchette sourit
légèrement, et fit une petite révérence,
si drôle, si jolie!

Nous commençâmes à causer tous
trois avec assez de liberté d'esprit, et
nous réglâmes tout ce qui avait rapport
au petit ménage que nous allions tenir.

On avait décidé d'abord que Fanchette viendrait à quatre heures, et que je la ferais reconduire à neuf. Mais je pensai qu'il était fort égal pour le public qu'elle fût ici à huit heures ou à quatre, et cela m'arrangeait beaucoup mieux. Cela parut aussi convenir à Fanchette, car elle rougit : c'est sa manière de répondre à une proposition qui lui plaît.

Soulanges observa que fermer sa boutique à huit heures du matin, n'est pas le moyen de faire prospérer son commerce. Fanchette répondit qu'elle était établie depuis trop peu de temps pour avoir des pratiques à perdre. J'allais ajouter que je comptais bien la dédommager des pertes que j'occasionnerais. Mais je pensai que cela se fait, et qu'on n'en parle pas.

Arrêté du petit comité portant que Fanchette arrivera à huit heures.

J'observai encore que puisque Fanchette devait venir à huit heures du matin, et ne s'en retourner qu'à neuf, il était indifférent au public qu'elle couchât chez moi ou ailleurs. « Cette pro- » position ne passera pas, dit Soulan- » ges. Je dors comme une marmotte, » et je ne suis venu ici que pour voir » ce qui s'y passe. » Fanchette garda le silence ; j'insistai ; Soulanges résista avec fermeté ; il fallut me rendre.

On sent le besoin d'user le temps à quelque chose, quand on ne peut l'employer à faire l'amour. Il fut réglé de mon consentement :

Qu'on déjeunerait à huit heures;

Que de neuf à onze, Soulanges montrerait à Fanchette à dessiner les fleurs;

Que de onze à midi, Fanchette nous ferait une lecture;

Que de midi à trois heures, je tournerais ; que Fanchette, assise auprès du tour, s'occuperait de quelque ouvrage d'aiguille; que Soulanges peindrait des fleurs, destinées à orner la chambre de notre compagne;

A trois heures le dîner;

De cinq à six, la conversation;

De six à neuf, une leçon de piquet ou de trictrac à Fanchette;

A neuf heures, le bonsoir.

Et pour que rien ne fût changé à l'ordre convenu, Soulanges imagina quelques articles réglementaires qu'il me soumit, que je combattis, que je fis changer ou modérer, et qui enfin, malgré mes réflexions, observations, additions, suppressions, furent rédigés ainsi qu'il suit:

1º *On se regardera comme on voudra; mais on ne parlera pas directement d'amour;*

2º *On se prendra les mains quand on voudra; mais la pression ne du-*

rera pas plus de dix secondes, montre sur table;

3º Mademoiselle Fanchette pourra quelquefois se laisser baiser la main; mais elle ne souffrira pas qu'on y tienne les lèvres attachées plus de quatre secondes;

4º On pourra prendre et donner, dans le courant de la journée, six baisers sur les joues, le front ou le menton, et pas ailleurs.

Et pour la facilité de l'exécution des articles ci-dessus,

5º Mademoiselle Fanchette ne viendra ici qu'avec la robe qu'elle porte maintenant, ou telle autre coupée sur le même modèle;

6º Elle portera continuellement sur son fichu un schall qui descendra jusqu'aux pieds par devant, et jusqu'au pliant du genou par derrière;

7° *Elle supprimera les bas fins à jour, et les souliers découverts;*

8° *Ses cheveux noirs bouclés descendront jusque sur ses yeux;*

9° *Elle ne pourra quitter ses gants que lorsqu'elle voudra prendre la main, se la laisser prendre, ou se la laisser baiser.*

Soulanges avait un air triomphant; il se croyait un Lycurgue ou un Solon. Il ne réfléchissait pas que le code le plus parfait donne toujours lieu aux interprétations. A peine une loi est-elle promulguée, que vingt avoués savent comment ils l'éluderont, et j'étais plus qu'un avoué dans ce moment-là.

Quelque défectueuses que soient des lois, on n'en fait pas une collection en une heure. La discussion et la rédaction de celles-ci nous avaient menés jusqu'au dîner : Philippe entra pour nous servir.

« Philippe, où est George ? Mon-
» sieur, il craint de se présenter devant
» vous ; il attend que vous l'appeliez. »

Je sors ; je vais le chercher dans l'antichambre. « Mon vieil ami, les me-
» sures que vous avez prises m'ont
» donné beaucoup d'humeur ; elle n'é-
» tait que dans ma tête, et mon cœur
» s'empresse de rendre justice au vôtre...
» Pourquoi ces yeux baissés, cet air
» d'embarras ? L'honnête homme lève
» la tête ; il aime à fixer celui qui l'es-
» time.... Tu pleures, mon ami ? —
» C'est de joie et de reconnaissance.
» Ah ! monsieur, quel homme vous
» seriez, si vous n'aimiez pas tant....
» — Chut, chut, George. Tout homme
» aime quelque chose, et qu'y a-t-il
» d'aimable comme les femmes ? Viens
» reprendre ta place et tes fonctions
» auprès de moi. »

Comment le législateur Soulanges

va-t-il nous ranger. Nous serons trois autour d'une table ronde, et je défie tous les faiseurs de lois, nés et à naître, d'empêcher que je sois à côté, ou en face de Fanchette. Soulanges me place vis-à-vis d'elle; c'est tout simple : j'en suis aussi éloigné que le permet le diamètre de la table. Mais une table de trois couverts n'est pas grande, et on a des pieds pour quelque chose....
« Va tourner, Philippe : George nous
» suffira. »

« Dînerai-je avec mes gants ? de-
» mande Fanchette, avec le ton mo-
» deste d'un client qui parle à son rap-
» porteur. Non, non, répond Soulanges,
» ce n'est pas l'usage. Mais j'ai tout
» prévu : j'avais mes raisons pour vous
» éloigner l'un de l'autre. » Il n'a pas prévu que nos mains se rencontreront, quand je lui passerai une carafe, quand elle me passera une aile de pou-

let, et nous avons aussi nos raisons pour nous passer toujours quelque chose.... Soulanges sourit.

Je me lève, et je vais ranger les cheveux de Fanchette, qu'elle a religieusement placés sur les plus beaux yeux du monde. « Alte-là, dit Soulanges.
» J'invoque l'autorité des règlemens. Il
» est écrit, art. 8 : *Ses cheveux noirs*
» *bouclés descendront jusque sur ses*
» *yeux.* — Oui, mon ami. Mais il est
» écrit, article premier : *On se regar-*
» *dera comme on voudra*, et com-
» ment voulez-vous qu'on se regarde
» les yeux bouchés ? Vous avez fixé
» des heures où Fanchette doit *lire* ou
» *travailler de l'aiguille.* Festonne-t-on
» sans y voir ? — Diable, il y a contra-
» diction entre ces deux lois-là. Il faut
» en rapporter une. — *L'article 8,*
» mon cher Soulanges. — Non, mon
» ami, *l'article premier.* — La majo-
» rité décidera. C'est à mademoiselle

» à faire pencher la balance, et l'amour
» l'emportera. »

L'article 8 *est supprimé.*

Le dîner se passa en plaisanteries, et jusqu'à un certain point, Soulanges atteignait à son but : le cœur est calme, quand la gaieté s'y introduit.

Il ne nous fut pas aussi facile de nous posséder pendant l'heure consacrée à la conversation. Soulanges s'efforçait de la faire tomber sur des sujets sérieux et instructifs. *Amour*, disait Fanchette ; *bonheur*, lui répondais-je ; et agissant d'après ma manière d'interpréter et de commenter la loi, la jolie main ne sortait pas des miennes. Je la pressais, je la baisais ; la montre était là. Je comptais scrupuleusement les quatre secondes ; je m'arrêtais à la cinquième, pour recommencer aussitôt. Soulanges se dépitait. « De quoi vous » fâchez-vous, mon ami ? Relisez *les* » *articles deux et trois : On se prendra*

» la main quand on voudra. Moi, je
» le veux toujours. Mademoiselle Fan-
» chette pourra quelquefois se laisser
» baiser la main. Quelquefois ne dé-
» termine rien, et la loi doit toujours
» être expliquée en faveur de ceux pour
» qui elle est faite. »

Je continuais; Fanchette riait aux éclats; Soulanges frappait du pied.

Il sauta au plafond, quand je commençai à user de la prérogative que m'accordait *l'article* 4. Je n'avais cherché ni les joues, ni le front, ni le menton. « Qu'avez-vous encore, mon cher Sou-
» langes? Le jury prononce sur la ques-
» tion intentionnelle. Je déclare n'avoir
» pas eu l'intention de rencontrer les
» lèvres de Fanchette. Qu'avez-vous à
» me reprocher? »

Soulanges se fâche tout de bon. Il m'enlève Fanchette; il la porte dans le salon. Fanchette trouve une porte de dégagement, elle suit le couloir et rentre dans ma chambre à coucher. Soulanges se désole : il voit son code du matin déjà tombé en désuétude.

« Allons, allons, dit-il, il faut que
» je m'exécute de bonne foi. Je sens le
» vice de ma rédaction et je supprime
» toutes mes lois. Mais, mademoiselle,
» c'est à vous que je confie ce dépôt
» précieux, celui d'une vie qui vous est
» chère. Rappelez toute votre pru-
» dence. Prévenez ces émotions, dan-
» gereuses pour mon ami et pénibles
» pour tous deux, lorsqu'elles demeu-
» rent sans résultat. Or, je suis ici. —
» Je répondrai à votre confiance, mon-
» sieur ; je m'en montrerai digne. »

De quel ton auguste elle a prononcé ces effrayantes paroles ! Plaisante-t-elle ? Non, vraiment. Elle reprend son schall, elle remet ses gants ; elle s'assied devant une table de jeu ; elle ne voit plus que le tapis vert.

Oh ! cela ne durera pas. Je suis assis

près d'elle, et j'ai des moyens sûrs de
rétablir mon empire.... « Otez votre
» main, monsieur..... Laissez mon ge-
» nou...... Vous me faites mal au pied.
» — Je me retire, mademoiselle. —
» Vous me ferez plaisir, monsieur. —
» Vous me chassez; je ne reviendrai
» plus. — Mon ami! — Fanchette! —
» Vous m'affligez. — Je vous obéis. —
» Revenez, par grâce, revenez. — Je
» reviens, mais je boude.

» Mademoiselle, une quinte majeure
» se compose de l'as, du roi..... » C'est
Soulanges qui parle. « Mademoiselle,
» laissez mon pied, à votre tour. —
» Qu'il est méchant! — Voyez vos car-
» tes. Que voulez-vous faire de mes deux
» doigts emprisonnés dans votre gant?
» — Mais taisez-vous donc. — Je veux
» parler, moi. — A-t-on jamais vu pren-
» dre ainsi une leçon de piquet? —
» Mon cher Soulanges, a-t-on jamais
» choisi un pareil moment pour la don-

» ner ? — Ma foi, mon ami, vous me
» ferez perdre volonté ou patience. —
» Ma foi, mon ami, je vous invite à les
» perdre toutes deux. — Mademoiselle,
» vous justifiez bien mal ma confiance.
» — Monsieur de Soulanges, regardez-
» le. — C'est un très-joli homme, je le
» sais, mademoiselle. Mais ce n'est pas
» une raison pour le tuer. — Le tuer,
» monsieur de Soulanges, le tuer, moi
» qui donnerais ma vie pour conserver
» la sienne. — Je ne veux pas que vous
» mouriez, mademoiselle ; mais si vous
» voulez qu'il vive, allez-vous-en et ne
» revenez plus.

» Ah! Soulanges, quel ton vous pre-
» nez avec elle! — Peut-être en trouve-
» rai-je un qui me réussira. — Elle sort,
» mon ami. — Tant mieux. — Brouil-
» lée avec moi. — Ce n'est pas avec
» vous. — Rappelez-la donc. — Je m'en
» garderai bien. — Je cours après elle.
» — Quel homme !

Je la suis, je la joins dans mon antichambre; je l'arrête, je la prends dans mes bras...... Une lumière! c'est cet hypocrite de George. « Monsieur s'ex-
» pose à se blesser. — Non, monsieur,
» je ne m'expose pas. — Mademoiselle
» ne saurait descendre sans y voir. —
» Il y a un réverbère sur l'escalier. —
» Mais pour arriver jusque-là ?.... Phi-
» lippe! vite, un second flambeau. —
» George, je me fâcherai sérieusement.
» — Mademoiselle, la voiture est à
» vos ordres. » Elle descend sans dire un mot. Elle supporte tout pour moi, jusqu'à l'humiliation!

Je rentrai. Que pouvais-je faire de mieux? Soulanges riait à son tour à gorge déployée. « Vous l'emportez,
» monsieur. — J'avais tout disposé pour
» cela. — Sans les obligations que je
» vous ai.... — Vous m'en aurez bien
» d'autres. — Je ne le crois pas. — Vous
» serez donc bien fin! — Peut-être au-

« tant que vous. — Mon cher ami, vous
» avez la fièvre chaude. — A la bonne
» heure, soit. — Pourquoi donc ne pas
» vous laisser conduire ? — Hé ! vous
» faites de moi tout ce que vous vou-
» lez. — Raisonnons un moment. —
» Cela vous est bien facile, homme à la
» glace.

» — Vous ne rêvez que folies; je
» vous éveille, ai-je tort ? — Je ne dis
» pas cela. — Vous aimez deux fem-
» mes à la fois........ — Mon ami, je
» crois que j'ai deux cœurs. — Vous
» vouliez d'abord en garder une ici le
» jour et la nuit. — J'aurais également
» voulu garder l'autre. — Du repos et
» de la sagesse, voilà ce qu'il vous faut.
» — Vous croyez cela ? — D'ailleurs,
» si Fanchette fût restée ici, quand au-
» riez-vous vu lu la lettre que George a
» sans doute à vous remettre, quand
» y auriez-vous répondu ? — Une let-
» tre de Sophie ! — De Sophie, plus

» jolie peut-être que Fanchette; qui
» vous aime autant qu'elle; qui a un
» nom, un rang; que vous avez per-
» due dans le monde; à qui vous de-
» vez une réparation, et qui, à tous
» égards, mérite la préférence. George,
» vous avez une lettre pour monsieur?
» — La voilà.
» — Lisons-la ensemble, mon ami :
» vous savez que vous n'avez plus de
» secrets pour moi.
» Arrêtez-vous à cette phrase-ci, à
» celle-là, à cette autre. Dites-moi si
» Fanchette a cette facilité, cette grâce,
» cette abondance, cette chaleur. »—
» Oh! Fanchette n'écrit pas mal. —
» Lisez, lisez ; et avant d'être à la fin
» de la troisième page, vous ne rêverez
» plus qu'à Sophie. »

Il a raison. Personne ne pense, n'é-
crit comme cela. Mais je le devine : il
veut détruire une impression par une
autre. Qu'y gagnera-t-il, si l'image

séduisante de Sophie remplace celle de Fanchette dans ce cœur? Pauvre cœur! Et cependant trop heureux mortel!

« George, apprêtez-moi ce qu'il faut
» pour écrire. — Et pendant que vous
» écrirez, il m'arrangera un lit. — Ici!
» — Oui, ici. Je vous l'ai dit, je ne
» vous quitte plus. — Allons, George,
» un lit à mon garde. »

Écrivons..... Ah! voilà deux lignes en *post-scriptum*, qui m'étaient échappées. « Je te dois un dédommagement
» de ta docilité, de tes privations; on te
» le remettra avec cette lettre. »

« Monsieur George, vous avez en-
» core quelque chose à me donner. —
» Ah! pardon, monsieur. J'oubliais un
» très-petit paquet, que j'ai mis dans
» la poche de ma veste. Mais comment
» penser à tout, quand on est toujours
» en l'air, tout à vos mouvemens, à
» l'inflexion de votre voix, aux signes de
» monsieur de Soulanges? — En voilà

» assez. Voyons le petit paquet... C'est
» elle, c'est bien elle ! c'est ainsi qu'elle
» me regarde, qu'elle me sourit ! Sou-
» langes, voyez donc ce portrait. Il est
» frappant de ressemblance, et jamais
» peintre n'a fait d'idée une aussi sé-
» duisante figure...... Oh ! Sophie, ma
» Sophie ! femme adorable et adorée !...»
Je couvre le portrait de baisers. Je le
porte à mon cœur ; je le reporte à
mes lèvres.... Qu'est-ce que cela ? Une
chaîne d'or. Elle a tout prévu, elle in-
dique tout. Je passe la chaîne à mon
cou. L'image précieuse est fixée sur
mon cœur..... Fixée, non. Je la prends,
je la regarde, je la baise encore.....
« Mon ami, vous n'êtes pas raisonnable.
» Pensez donc à l'état où vous voilà.
» Faudra-t-il vous ôter jusqu'à ce por-
» trait? — Non, Soulanges, non. Je
» me possède et j'écris.

» Ces messieurs n'ont plus besoin de
» rien? demande George. Non, ré-

» pond Soulanges. » Il congédie le vieux domestique ; il ferme toutes les portes à double tour ; il prend toutes les clefs ; il les met sous son oreiller ; il se déshabille avec la morgue d'un chef des eunuques du grand seigneur.

« Ah! çà, monsieur, je suis donc pri-
» sonnier chez moi ? — Je vous ai dit,
» monsieur, que je dors profondément,
» et je ne veux pas que vous m'échappiez
» pendant mon sommeil. — J'irai courir
» les rues de Paris, à pied, à l'heure
» qu'il est, n'est-il pas vrai? — Ecrivez,
» écrivez mon ami. Moi, je vous sou-
» haite le bonsoir. »

Oh! parbleu, il m'a donné là une bonne idée. Très-certainement je lui échapperai, et aussitôt que je pourrai tromper sa surveillance et celle de mes gens, tous conjurés contre moi... Continuons d'écrire...

Il dort, ou il en fait le semblant. Sachons jusqu'à quel point je peux compter sur son sommeil. Je n'ai pas la maladresse de lui adresser la parole : il ne donnerait pas dans un piége aussi grossier. Je me parle à moi-même, et sur tous les tons. Je reprends le précieux portrait; je me laisse aller à la vivacité de mes sentimens. Exclamations, invocations, passion, tout cela est employé avec un enthousiasme vrai, parce que tout cela est senti, et il ne fait pas le moindre mouvement. Je lui passe sous les yeux une bougie allumée... Allons, c'est un homme mort jusqu'à demain matin. L'heureuse découverte !

Ai-je encore quelque chose à dire à la belle des belles, à la meilleure des femmes ? Non. Je ferme mon paquet, et, comme Soulanges, je vais essayer de fermer les yeux.

Fermer les yeux ! Trouvez donc du repos, vous qui avez trente ans, qui portez au cou le portrait de votre maîtresse, qui brûlez de la voir, et qui êtes agité par le souvenir du jour et l'espérance du lendemain !

CHAPITRE VI.
Roman astronomique.

Tout s'use, tout passe, jusqu'à Mesmer, Fénaigle et Gall. Cette belle chaleur du sang s'affaiblit; ces émotions voluptueuses se dissipent; les plus douces, comme les plus brillantes illusions, cèdent à la voix impérieuse du besoin : l'ambitieux dort quelquefois; les amans tous les jours.... plus ou moins cependant.

Il était tard quand je m'éveillai. Soulanges était déjà dans une bergère. Il attendait mon réveil, un livre à la main. « Il me semble, mon ami, que vous ne perdez rien pour vous endormir après les autres. J'ai demandé le déjeuner. Un convalescent doit avoir appétit en ouvrant les yeux. — Supé-

» rieurement pensé, mon cher Sou-
» langes. Allons, je vais me lever.
» George? — Monsieur? — Habillez-
» moi.... Qu'est devenu l'habit que j'a-
» vais hier? — Mon cher ami, vous
» n'avez plus ici d'habits, de culottes,
» ni de chapeaux. Je me défie de mon
» sommeil, je vous l'ai déjà dit, et j'ai
» envoyé tout cela...... — Où? — Je
» vous le dirai quand je vous rendrai
» la liberté. — Voilà qui est un peu fort.
» George, où sont mes habits? — Voilà,
» monsieur, des pantalons, des robes
» de chambre du meilleur goût, des
» bonnets de coton, des madras, des
» casquettes. Monsieur a de quoi choi-
» sir. — Où sont mes habits, vous dis-
» je? — Je l'ignore, monsieur. — Vous
» mentez. — Monsieur de Soulanges
» m'a fait faire une malle, m'a envoyé
» chercher un commissionnaire; j'ai
» aidé à charger la malle; monsieur de
» Soulanges a glissé une adresse dans la

» main du porteur, il est parti. — C'est
» bien joué, très-bien joué, mon cher
» Soulanges. Mais puisque vous atta-
» quez, je peux me défendre. Des pré-
» cautions aussi adroitement prises pi-
» quent mon amour-propre, et m'in-
» vitent à les déjouer. Nous voilà en état
» de guerre : tenez-vous bien. — Oh!
» c'est ce que je compte faire. Déjeu-
» nons, mon ami.

» — Ah! mon Dieu!.... mon por-
» trait!... ce portrait chéri, qui me
» tenait lieu de tout.... qu'en avez-
» vous fait? Je ne supporterai pas cela,
» par exemple. — Mon ami, vous dor-
» mez aussi bien que moi : je l'ai déta-
» ché, sans que vous ayez donné signe
» de vie. — J'espère, monsieur, que
» vous allez me le rendre. — Je vous
» laisse le choix entre deux partis. Vous
» vous contenterez d'avoir quatre fois
» par jour le portrait à votre disposition,
» et pendant cinq minutes à chaque fois,

» ou je le renverrai à madame de Mir-
» ville. — Vous avez une fureur de faire
» des règlemens !... et vous savez com-
» bien de temps ils durent. — J'entends.
» — Quand vous tiendrez le portrait,
» vous ne vous en dessaisirez plus.
» Mais je le reprendrai demain matin,
» et sans pitié je le ferai disparaître
» pour quinze jours. — Cette menace
» me ferme la bouche. — Allons, je re-
» cevrai de vous le portrait quatre fois
» par jour, et je vous le rendrai fidèle-
» ment. Déjeunons. — Déjeunons.

» — Le portrait, mon ami. — Ce por-
» trait et une digestion facile ne s'ac-
» cordent pas. — Vous êtes un tyran,
» un tyran inexorable. — Pour que de
» grands mots produisent leur effet, il
» faut bien se garder de rire en les pro-
» nonçant. Prenez-vous encore quel-
» que chose? — Le portrait, si vous
» voulez me le donner. — Oh! le bel
» effet de lumière! Observez donc, mon

» ami, ces rayons qui jouent à travers
» les masses de vos marronniers. — Hé,
» mon ami, j'ai tant vu le soleil ! —
» Passons sur ce balcon. Jouissons de
» la fraîcheur de la matinée. — Soulan-
» ges, vous voulez me détourner de
» mon objet, et vous vous y prenez
» gauchement. Je connais tous les ré-
» bus qui entrent dans la fabrication
» d'une idylle, la nature, la campagne,
» les oiseaux, les coteaux, les trou-
» peaux, les pipeaux. Tout cela ne vaut
» pas Sophie, ne vaut pas même son
» portrait.

» — Ce jugement est un peu hasardé.
» Madame de Mirville est charmante,
» sans doute, comme la rose qui est
» éclose hier et qui se flétrira à midi.
» Madame de Mirville et cette rose se-
» ront remplacées par d'autres fleurs
» dont on admirera un moment l'éclat,
» dont on savourera un moment le par-
» fum, et on ira ensuite cultiver la fleur

» nouvelle qui aura succédé à celle-ci,
» et qui l'aura fait oublier. Mais la na-
» ture, toujours jeune, toujours forte...
» — Mais le papillon, qui suce le miel
» de la fleur, vieillit et meurt avec elle.
» Ainsi tout est égal entre eux sous le
» rapport de la durée. Mon portrait.

» — Qu'appelez-vous la durée ? Le
» temps existe, en effet, pour une por-
» tion de matière organisée, d'une mo-
» dification à une autre. Mais pour
» l'ensemble des choses, il n'y a pas de
» succession. — Ah! vous voulez m'en-
» traîner d'objets en objets, d'une dis-
» cussion à une autre.—Ce grain de sable
» sera peut-être verre demain; le verre
» sera cassé après-demain, et il serait
» plaisant que le grain de sable et le
» verre voulussent avoir leur almanach,
» non d'un an, d'un mois, d'une se-
» maine, mais un almanach à secondes,
» et qu'ils prétendissent mesurer le
» temps à l'univers, d'après leur exis-

» tence d'un jour. Voilà pourtant ce
» que nous faisons, nous autres grains
» de sable, qui, semblables à la boule
» de neige que grossissent les enfans,
» roulons jusqu'à ce que le dégel resti-
» tue à la terre les parties intégrantes
» de cette pauvre boule, qui se croyait
» quelque chose parce qu'elle était bien
» blanche et bien grosse relativement à
» une fourmi. Nous ne sommes qu'un
» point imperceptible, saillant ici, s'é-
» teignant là, dans la foule innombra-
» ble de points qui meurent et qui re-
» naissent sans interruption. — Ce que
» vous dites là est très-moral, pourrait
» être le sujet d'un sermon, et n'a rien
» de commun avec un portrait.

» — Ce portrait est un point, comme
» cette planète que vous voyez là-bas.
» — C'est Vénus. Croyez-vous, Soulan-
» ges, qu'on fasse l'amour dans Vénus?
» — Comment! si je le crois! On fait
» l'amour partout où il y a chaleur et

» mouvement. — On ferait là-bas l'a-
» mour comme ici ! — Comme ici pré-
» cisément ! cela ne me paraît pas pro-
» bable. — Comme ici, ou comme là,
» on aime toujours bien, quand on sent
» avec énergie. — Comme vous. —
» Comme moi ! — Vous êtes modeste.
» — Mais pourquoi avancez-vous,
» Soulanges, qu'une planète grosse
» comme la terre n'est qu'un point dans
» l'univers ? — C'est que cette terre que
» nous considérons comme le premier
» des mondes, parce que nous avons la
» vanité de tout rapporter à nous, n'est
» elle-même qu'un point dans l'immen-
» sité ; c'est que si nous pouvions nous
» transporter sur cette boule, consa-
» crée, je ne sais pourquoi, à la mère
» des amours, nous verrions dans le
» fond du tableau autant de mondes
» encore que nous en apercevons d'ici,
» et que si nous allions au dernier de
» ces mondes, nous n'aurions encore

» devant nous que l'infini. — Que l'in-
» fini! Il faut pourtant que tout finisse.
» — Oui, pour le grain de sable, le
» verre, et la boule de neige. Mais pour-
» quoi, être pensant et orgueilleux, ne
» voulez-vous pas que le monde soit in-
» fini ? — Parce que je ne conçois pas
» l'infini. — De ce qu'un sourd et muet,
» sans instruction, ne conçoit pas que
» deux et deux font quatre, s'ensuit-il
» que la géométrie n'existe pas ? — Les
» géomètres se communiquent, s'en-
» tendent ; je peux parvenir à m'enten-
» dre avec eux : donc la géométrie
» existe. Mais l'infini !

» — Mon cher ami, vous êtes borné
» et vous voulez que tout vous ressem-
» ble. L'aversion que vous inspire l'i-
» dée de la destruction de votre être
» vous fait admettre facilement une
» éternité de choses, parce que vous
» voudriez être éternel vous-même. —
» J'avoue que ce système ne répugne

» pas à ma raison. — Dites qu'il flatte
» vos espérances secrètes, et convenez
» qu'il n'y a pas plus d'analogie entre
» votre frêle machine et l'éternité,
» qu'entre un ciron et l'infini. Or, si
» vous admettez la première, pour-
» quoi rejeter le second? Le monde
» n'est pas infini, dites-vous? Que vou-
» lez-vous qui le termine? Un fossé,
» une haie, un mur, le chaos? Vous
» ne voulez sans doute ni mur, ni haie,
» ni fossé? — Non, j'aime mieux le
» chaos. — Prenez garde : le chaos sup-
» pose l'espace avec le dérangement
» de toutes choses. Si vous admettez
» l'infini de l'espace, pourquoi vouloir
» le chaos? Pourquoi l'ordre qui règne
» autour de vous ne régnerait-il point
» partout? — Je sens que cela impli-
» querait contradiction. — Et il ne peut
» y en avoir dans l'arrangement du
» grand tout. L'univers s'écroulerait
» sur lui-même, si quelqu'une de ses

» parties cessait un moment d'être sou-
» mise à la loi générale.—Mais je le crois.
» — Le monde est donc infini. — Je le
» veux bien. Donnez-moi mon portrait.
» — Oh! c'est trop juste. Le voici. »

Sophie n'est qu'une rose! Elle vivra ce que vivent les roses; elle passera comme elles! Arrêtons sa fugitive existence; prolongeons-la; embellissons-la de toutes les illusions, et que l'amour, après s'être long-temps bercé sur cette tige svelte, sur ce sein embaumé, brise son arc et ses flèches. Sophie lui a rappelé Psyché : rien ne lui rappellera Sophie.

« Hé bien, mon ami, vous avez eu
» un moment de calme; cette tête s'est
» reposée, même en voyageant dans
» les cieux. Convenez que les sciences
» sont bonnes à quelque chose, et cul-
» tivez-les...... A quoi pensez-vous
» donc? — Aux transports, à la fureur
» divine, qui doivent agiter sans relâ-

» che les heureux habitans de Vénus.
» — Et ceux de Mercure, ce petit vol-
» can perdu dans l'orbite du soleil ?
» C'est là que les amans brûlent de feux
» inextinguibles, et que la jouissance
» ne produit que la soif de jouir. —
» C'est là que j'aurais dû naître, c'est
» là que je voudrais vivre. Je me sens
» digne d'être mercurien... Je le suis
» peut-être. — Et Fanchette aussi ? —
» Et Sophie aussi. — La bonne idée ! —
» Pourquoi n'aurais-je pas comme vous
» le droit d'en émettre d'extraordinai-
» res? — Au moins vous développerez
» celle-ci. — Et en peu de mots. Le
» soleil, disent les physiciens, pompe,
» attire les vapeurs les plus légères de
» notre globe. Pourquoi ne pomperait-
» il pas Mercure comme nous? — Prou-
» vez d'abord que dans Mercure il y ait
» quelque chose à pomper. Les rivières
» de la petite planète pourraient bien
» n'être qu'un composé de métaux en

» fusion. — Je vous passe votre infini,
» monsieur. — Et moi les vapeurs
» aqueuses de Mercure. Continuez. —
» Si le soleil a la puissance de prendre
» là, il doit avoir celle de porter ici. —
» A la conséquence. — Elle est très-
» simple. Le germe précieux d'un mer-
» curien s'est perdu là-haut, n'importe
» comment. Un rayon l'a aspiré et l'a
» déposé dans l'atmosphère de Paris.
» Il est passé, avec d'autres particules
» de matière subtile, dans l'estomac
» des trois papas, et de l'estomac.....
» — La bonne plaisanterie! Il est fâ-
» cheux pour vous de ne pouvoir l'ap-
» puyer d'aucun raisonnement. — En
» trouverez-vous contre? — Vingt, et
» un seul suffit. Les exhalaisons ter-
» restres ne peuvent arriver qu'à un cer-
» tain degré d'élévation, comme le
» liége, que vous avez retenu au fond
» d'un vase, s'arrête à la superficie de
» l'eau, comme un aérostat cesse de

» monter, lorsque l'air qui l'environne
» est aussi léger que l'air qu'il ren-
» ferme. Ainsi un corps céleste ne sau-
» rait être dépouillé de la moindre de
» ses parties, et je conseille à Zéphire
» de renoncer pour lui et ses deux bou-
» tons de rose à leur origine aérienne. »

« — C'est bien dur. — Mais bien rai-
» sonnable, et s'il nous venait ici des
» germes de Mercure, très-probable-
» ment ils ne s'y développeraient pas.
» — Pourquoi cela? — Parce que chaque
» globe doit produire des êtres ana-
» logues à la qualité de sa matière, et
» à sa température, et que rien dans
» Mercure brûlant ne peut être en
» analogie avec rien de ce qui existe
» sur notre froide et humide terre.

» — Savez-vous, mon cher Sou-
» langes, que vous me donnez-là une
» grande idée de la fécondité de la
» nature? — Pourquoi tout en elle ne
» serait-il pas infini? Combien l'imagi-

» nation s'agrandit et s'élève; lorsqu'on
» pense que ce nombre infini d'étoiles
» sont autant de soleils qui vivifient une
» quantité infinie de planètes, que nous
» ne distinguons pas, parce qu'elles
» n'ont qu'une lumière de réflexion,
» trop faible pour percer l'espace im-
» mense qui les sépare de notre terre.
» Quelle richesse, et quelle prodigieuse
» variété dans les espèces, si on admet
» que tout est différent dans chacun
» de ces globes.—Il est fâcheux pour
» vous de ne pouvoir appuyer cette
» supposition d'aucun raisonnement.
» —J'établirai du moins des vraisem-
» blances.

» Examinez d'abord l'incalculable
» variété, en tout genre, qui existe sur
» notre globe. Voyez ici des hommes
» blancs et barbus; là, des hommes
» blancs et imberbes; plus loin, des
» hommes cuivrés; là-bas des nègres,
» des Lapons, des Caffres, des Albi-

» nos, des chiens de trente espèces,
» et une multitude d'autres animaux
» qui ne peuvent vivre que dans l'air.

» Voyez les poissons, pour qui l'air
» est mortel, et qui, par leur forme
» extérieure, n'ont aucun rapport avec
» les habitans de l'air. Remarquez l'ex-
» trême disproportion qui existe entre
» une baleine et un goujon, entre la
» voracité du requin et les habitudes
» paisibles d'une carpe.

» Remarquez ces espèces emplu-
» mées, dont l'atmosphère est le do-
» maine. Presque étrangers aux ani-
» maux aquatiques et terrestres, les
» oiseaux varient encore entre eux par
» la grosseur, les nuances de leur plu-
» mage et leur instinct.

» Arrêtez-vous à cet insecte qu'on
» n'admire pas, parce qu'on le voit
» tous les jours, et que l'habitude rend
» insensible à tout : la chenille est un
» prodige unique sur notre terre ; elle

» rajeunit et se fortifie en se parant
» d'une nouvelle peau. A une époque
» déterminée, elle change entièrement
» de forme, ensuite elle prend des ailes :
» après avoir rampé sur la terre, elle
» se balance dans le vague des airs, et
» elle meurt, ayant offert à nos yeux
» inattentifs trois animaux tout-à-fait
» différens.

» Considérez la quantité de plantes
» et de fleurs qui existent entrent le brin
» d'herbe et le chêne, entre la violette
» et le lis. Réfléchissez aux variétés
» que présente le corps du globe lui-
» même, en métaux, en minéraux,
» en espèces de terres, et osez con-
» damner la nature à se borner ailleurs
» à une froide et insignifiante unifor-
» mité.

» —Voilà en effet plus que de la
» vraisemblance. Ah ! mon cher Sou-
» langes, que n'est-il possible de visiter
» quelques-uns de ces globes, de re-

» paître ses yeux d'un spectacle tou-
» jours nouveau, toujours enchanteur !
» —Les boutons de rose ne seraient
» pas là l'objet de l'admiration géné-
» rale.—Et pourquoi ? le beau est tou-
» jours beau. — Tout est relatif, le
» beau, le laid, le mauvais, le bon.
» Quelle impression produit un loup
» sur une hirondelle, un œillet sur un
» hibou, une laitue sur un corbeau, le
» plus beau cheval sur un hanneton ?
» Les linots et les chardonnerets se sont-
» ils arrêtés dans les bosquets d'Ermeuil
» pour contempler la comtesse, ma-
» dame de Mirville et Fanchette ? Sont-
» ils venus se percher sur un doigt
» effilé, ou sur une épaule d'albâtre,
» pour becqueter des lèvres purpu-
» rines ? Ils ont fui à l'approche de la
» beauté, et sont allés porter leurs
» amoureux baisers à leur timide com-
» pagne.

» Si les habitans d'un globe diffèrent

» essentiellement des habitans d'un
» autre, quel cas voulez-vous qu'ils
» fassent de ce qui ne peut agir sur
» aucun de leurs sens ? — Quoi ! vous
» leur donnez aussi des sens étrangers
» aux nôtres ! — Sans doute ; les sens
» sont-ils autre chose qu'une consé-
» quence de notre organisation ? Y
» verriez-vous sans yeux ? entendriez-
» vous sans tympan ? goûteriez-vous
» sans palais ? — Mais quels sens don-
» nerez-vous aux habitans d'un autre
» globe ? — Je ne leur en donnerai au-
» cun, bien que je sois certain qu'ils
» en ont, résultant également de leurs
» organes, mais dont je ne peux avoir
» d'idée. — Quoi ! votre imagination...
» — Mon imagination est dans la dé-
» pendance de mes sens, et ne peut
» aller au delà de ce qu'ils embrassent.
» Si je veux tracer la figure d'un ani-
» mal qui n'existe pas sur notre terre,
» je suis forcé d'emprunter différentes

» parties des divers animaux connus.
» Je fais un monstre ; mais que pro-
» duis-je aux yeux ? la tête d'un cochon,
» la queue d'un cheval, les oreilles d'un
» lièvre, les pattes d'un chien basset,
» le corps d'un dromadaire, toutes
» choses qui ont frappé ma vue, et qui
» se sont gravées dans ma mémoire.
» Or, si les sens des habitans de Mer-
» cure et de Saturne sont tout à fait
» étrangers les uns aux autres, com-
» ment les mettrez-vous en rapport entre
» eux, ou eux avec vous ?

» Quand on s'égare au delà des bornes
» de sa vue, on ne peut juger de l'in-
» connu que par des analogies toujours
» très-imparfaites, surtout dans ce
» cas-ci. Mais supposons que nous
» montons ou que nous descendons
» dans Mercure ; car il n'y a ni haut
» ni bas. — Il n'y a ni haut ni bas ! —
» Non, mon ami : quand, ce soir,
» nous remplacerons ceux qui sont

» maintenant sous nos pieds, nous
» aurons toujours la tête en haut, et
» les étoiles fixes sur notre tête. —
» Laissons cette question incidente.
» Vous voilà montés ou descendus dans
» Mercure. Qu'y voyons-nous? — Rien,
» je crois, parce que l'excessive vivacité
» de la lumière nous a éteint la vue.
» Mais admettons que nous puissions
» voir quelque chose, et revenons aux
» analogies, car il m'est aussi impos-
» sible, je le répète, de rien préjuger
» de ce qui existe là, que de tracer ici
» la figure d'un animal qui ne ressemble
» à rien de ce que j'ai vu. Je vais me
» tenir dans le plus grand éloignement
» possible des ressemblances connues.
» Je prête aux jolies femmes de ce
» globe la figure qui ressemble le moins
» à celle d'une jolie femme de notre
» terre. J'en fais des huîtres. — Oh,
» des huîtres ! — Si je les compare à
» elles-mêmes, que dirai-je à votre en-

» tendement et au mien? — Rien du
» tout. — Aimez-vous mieux que je les
» assimile à quelque chose de ce que
» nous appelons très-improprement
» matière inerte, à cette pierre, par
» exemple, que nous brisons, que nous
» taillons, et qui pourrait bien avoir
» une vie qui nous échappe, en raison
» de la différence organique absolue?
» — J'aime à vous en voir douter. —
» J'ai peut-être tort. On a trouvé au
» centre de masses énormes, pétrifiées
» depuis des siècles, des animaux pleins
» de vie, et nul ne peut donner ce
» qu'il n'a pas. — Cette réflexion peut
» nous mener loin. Observez que cette
» pierre a été partie intégrante de la
» terre; que si elle a une vie, c'est de
» la terre qu'elle la tient, et puisque
» nul ne peut donner ce qu'il n'a pas,
» la terre est vivante. — Votre consé-
» quence est parfaitement juste. — Je
» plaisante, mon ami, je ne crois ni

aux principes, ni à la conséquence.
» La terre vivante ! A-t-on jamais fait
» un pareil rêve ! — Eh, pourquoi en
» serait-ce un ? — Quel animal, que
» cette boule sans organes, sans intel-
» ligence, sans action ! — Faut-il que
» tous les animaux aient, comme vous,
» des bras et des jambes ? Les poissons,
» les reptiles en ont-ils ? Sans intelli-
» gence, sans action, dites-vous ? L'ac-
» tion de la terre est continuelle, car
» action et mouvement sont la même
» chose. Et de quel droit lui refusez-
» vous de l'intelligence, par la seule
» raison que la vôtre ne peut se mettre
» en contact avec la sienne ?... Ah !
» regardez cet homme qui est assis dans
» la rue, ce modèle barbu de l'acadé-
» mie de peinture ; essayons à deviner
» ce qui se passe sur sa tête. Prenez
» votre télescope. Voyez-vous sur cette
» protubérance, qui sans doute est une
» haute montagne, ce petit vieillard

» endoctrinant un enfant ? — Je ne vois
» rien. — Supposez que vous voyez,
» comme je suppose que j'entends.

» Mon fils, dit le petit vieillard, je
» suis parvenu à une extrême vieil-
» lesse. . . .

» Il est au moins âgé de deux mois.

» *Stercus*, notre dieu, irrité de nos
» péchés, nous a punis un jour par un
» déluge universel.

» Ce jour-là, le modèle devait poser à
» l'académie, et il s'était lavé les che-
» veux et la barbe dans un seau d'eau.

» Je me suis sauvé seul, avec ma
» femme, sur la plus haute de nos mon-
» tagnes.

» Cette montagne est la loupe que
» vous apercevez au sommet du crâne.

» Les eaux se sont insensiblement
» retirées. Ma femme et moi avons fait
» des enfans, tant que nous avons pu,
» et nous nous sommes remis à mois-

» sonner cette terre fertile, que *Ster-*
» *cus* a faite tout exprès pour nous.

» Vous sentez que les instrumens ara-
» toires sont les pattes et l'aiguillon.

» Le succès passait nos espérances,
» et la vanité s'empara de nos têtes.
» *Stercus* nous punit une seconde fois.
» Il envoya dans nos immenses forêts
» une armée innombrable de géans,
» marchant en ligne, qui faisaient ployer
» devant eux les arbres les plus forts,
» qui poussaient générations sur géné-
» rations, qui les enlevèrent enfin et les
» firent disparaître de la surface de ce
» globe.

» Les succès, dont parle le petit vieil-
» lard, avaient occasionné certaine dé-
» mangeaison, et les géans, qui mar-
» chaient en ligne, étaient les dents de
» certain meuble d'ivoire, ou de buis,
» que vous connaissez bien.

» Un savant, échappé du massacre,
» prononça que cette partie de la terre

» serait toujours en proie à tous les
» fléaux ; qu'il fallait habiter une autre
» partie du monde ; qu'il devait y avoir
» des antipodes, sans doute plus heu-
» reux que nous, et que ce qu'il y avait
» de mieux à faire, était de nous retirer
» chez eux. Comme *Stercus*, qui autre-
» fois conversait familièrement avec
» nous, n'a pas dit à nos ancêtres qu'il
» y eût des antipodes, on cria à l'héré-
» sie, et on commença par manger le
» savant.

» Cependant on réfléchit, et on con-
» vint qu'il n'y avait pas d'inconvé-
» nient à s'assurer si le savant avait eu
» tort ou raison. Plusieurs colonies par-
» tirent par différens chemins. Les jeu-
» nes gens, toujours présomptueux, s'en-
» gagèrent dans d'immenses déserts,
» dans des gouffres profonds, où la
» nature ne produit rien, et où ils pé-
» rirent tous.

» Vous comprenez que les antipodes

» sont les habitans de la barbe, et que
» les déserts et les gouffres sont le front,
» les joues, les narines et la bouche.

» Les plus sages, mon fils, et j'étais
» du nombre, suivirent les forêts sans
» bornes, où nous trouvons partout
» une nourriture abondante. A la fin
» d'un voyage, tel que personne n'avait
» osé le croire possible, et qui dura au
» moins une demi-journée, nous arri-
» vâmes à la partie inférieure du globe;
» nous reconnûmes qu'il y a réellement
» des antipodes, et nous réhabilitâmes
» la mémoire du savant.

» En vérité, je vous le dis, mon fils,
» et je vous le dis pour vous guérir de
» la manie des voyages, nous avons
» trouvé nos antipodes aussi malheureux
» que nous, et assujettis aux mêmes
» fléaux. Détachons-nous, en esprit,
» de cette terre de misère, et espérons
» que *Stercus*, dans sa miséricorde,

» nous fera passer de ce monde dans
» un meilleur.

» Croyez-vous que le petit vieillard
» soupçonne, sous l'épiderme qu'il pi-
» que et qu'il piquera, jusqu'à ce que
» monsieur le modèle se fâche sérieu-
» sement, croyez-vous, dis-je, qu'il
» soupçonne sous cet épiderme la vie
» et l'intelligence?

» — Vous êtes l'Ésope de l'astrono-
» mie. Mais revenons aux dames de
» Mercure : je les préfère, tout huî-
» tres que vous les faites, à votre petit
» vieillard.

» — Retournons dans Mercure. Nous
» voilà au milieu d'un cercle d'huîtres
» les plus distinguées de la planète,
» et qui probablement sont fières de
» leur naissance, de leur opulence,
» comme bien des dames de ce monde-
» ci. Elles se ferment pendant le jour,
» pour se garantir de la chaleur, et

» comme beaucoup de nos dames, elles
» s'ouvrent la nuit pour correspondre
» entre elles, sans vue, sans ouïe, sans
» odorat, sans tact, sans goût, mais
» par des sens qui leur sont propres.
» De jolis messieurs huîtres sont au
» milieu du cercle, immobiles, mais
» très-aimables, très-aimés, et faisant
» leur cour à ces dames, nous ne sa-
» vons comment. Nous passons, nous
» repassons dans le cercle. On ne nous
» voit, ni ne nous entend ; on n'y sen-
» tirait pas même un Hottentot enfu-
» mé et couvert d'huile de poisson. Si
» nous mettons le bout du pied sur le
» bord festonné de la coquille d'une de
» ces dames, elle se ferme, à peu près
» comme nous fermons l'œil, lorsqu'un
» corps étranger s'y introduit, sans que
» nous puissions dire ce que c'est.

» — Je vous arrête, l'homme aux
» systèmes. Vous dérogez à vos princi-
» pes. Si la dame huître sent le bout

» de mon pied, elle a le sens du tou-
» cher. — Vous avez raison, et comme
» je vous le disais tout à l'heure, on ne
» peut juger de l'inconnu que par des
» analogies imparfaites, qui toujours
» nous ramènent à nous.

» Que sera-ce si nous supprimons
» les analogies, qui du moins nous
» donnent des idées quelconques, et
» si nous nous bornons à dire que ces
» habitans de Mercure n'ayant aucun
» rapport avec nous, échapperont né-
» cessairement à toutes nos recherches ?
» — Que ce n'est pas la peine d'y
» aller.

» — Concluons qu'il est très-probable
» que chaque monde a sa physionomie
» qui lui est exclusivement propre ;
» que chacun doit vivre chez soi, et
» qu'il y aurait de la folie à se rendre
» visite ; si la chose était possible, si
» même nous devions trouver là-haut,
» ou là-bas, des êtres à peu près con-

» formés comme nous. — Oh ! alors,
» je ne balancerai pas ; je partirai. —
» Vous gèleriez en arrivant dans Sa-
» turne, et toute la satisfaction que
» vous tireriez du voyage, serait la cer-
» titude que votre corps existerait aussi
» long-temps que Saturne lui-même ;
» parce qu'il ne dégèle jamais sur cette
» planète-là. Si vous alliez dans Mer-
» cure, vous n'y trouveriez pas d'ali-
» mens propres à votre estomac, pas une
» goutte d'eau pour vous désaltérer ;
» votre sang s'évaporerait en transpi-
» ration, et je crains bien que sur quel-
» que globe que vous puissiez arriver,
» une mort prompte fût le prix de votre
» noble audace.

» Il n'est pourtant pas impossible que
» les habitans de certains globes puis-
» sent communiquer entre eux, si on
» conclut de leur proximité que leur
» organisation est à peu près la même.
» La lune la plus voisine de ce gros

» vilain Saturne, décrit son cercle
» autour de la grande planète en qua-
» rante-cinq de nos heures. Or Sa-
» turne a dix mille lieues de diamètre,
» et la lune qui parcourt un tel espace
» en si peu de temps, doit raser Sa-
» turne d'assez près, pour que les ha-
» bitans des deux globes puissent se
» voir, et même se parler, s'ils ont des
» yeux, une langue et des poumons de
» Stentor. — Mon cher Soulanges, ils
» passent peut-être les uns chez les
» autres, à l'aide d'un prinstoc. —
» Qu'est-ce qu'un prinstoc ? — C'est le
» nom que donnent nos habitans des
» Pays-Bas à une longue perche, dont
» ils fixent un bout à terre : ils s'en-
» lèvent sur l'extrémité supérieure, et
» franchissent ainsi des fossés de dix-
» huit à vingt pieds de largeur. — Oh,
» je ne prétends pas que la lune, dont
» nous parlons, passe précisément à
» dix-huit ou vingt pieds de Saturne.

» Et puis votre prinstoc éloignerait un
» peu les voyageurs de leur but. —
» Comment cela ? — Ce gros Saturne
» fait son tour sur lui-même en dix de
» nos heures. Ainsi un point parcourt
» en une heure trois mille lieues envi-
» ron, et d'après cette force de rota-
» tion des deux globes, vos hommes
» aux prinstocs tomberaient probable-
» ment dans quelque province fort éloi-
» gnée de celle où ils auraient eu l'in-
» tention d'aller. Peut-être sauteraient-
» ils chez des ennemis, chez des anthro-
» pophages, et dans ce dernier cas,
» le résultat du prinstoc n'aurait rien
» d'amusant.

» Vous apercevez-vous que nous
» voilà plus que jamais lancés dans les
» analogies, et que petit à petit nous
» avons fait des gens de Saturne des
» hommes semblables à nous? Reve-
» nons au système de variété infinie,

» et croyons que les habitans de Sa-
» turne ne peuvent avoir la tête faite
» comme la nôtre, car il n'en est pas
» une sur notre terre que la prodigieuse
» rapidité du mouvement de Saturne
» ne fît tourner en un instant. Peut-
» être n'est-il ici aucun animal qui ne
» fût suffoqué là par l'action de l'air,
» que ce mouvement presse ou pousse
» avec une violence dont la plus forte
» de nos tempêtes ne peut nous don-
» ner d'idée. Il est donc plus que vrai-
» semblable que les habitans de Saturne
» n'ont ni poumons, ni tête, et par
» conséquent pas d'yeux. A quoi d'ail-
» leurs leur serviraient-ils ? Saturne
» met trente ans à faire sa révolution
» autour du soleil ; ainsi certaines de
» ses parties ont des nuits de quinze
» ans. Dix fois plus éloignés que nous
» de l'astre lumineux, ses habitans ne
» le verraient pas plus grand que nous

» voyons certaines étoiles fixes, et il
» ne faut pas d'yeux où il n'y a pas de
» lumière.

» — Vous êtes cruel, mon cher Sou-
» langes; supposons-leur-en qui soient
» organisés comme ceux des chats et des
» oiseaux nocturnes. — Tout à l'heure
» vous mettiez des hommes et des prins-
» tocs dans Saturne; vous le peuplez
» maintenant de hiboux et de chauve-
» souris. Laissons les comparaisons tou-
» jours inapplicables du connu à l'in-
» connu, et contentons-nous de croire
» que les gens de la grande et de la
» petite planète doivent connaître par-
» faitement leur conformation respec-
» tive, s'ils ont des sens qui les rendent
» habiles à observer et à juger.

» Voilà qui me dégoûte furieusement
» des voyages. — Restez ici; jouissez
» de la vie; ne vous inquiétez plus de
» ce qui se passe ailleurs, et aimez
» cette terre qui nous donne à tous ce

» qui est utile à la conservation et aux
» plaisirs des êtres qu'elle produit.

» Que dites-vous? C'est la terre qui
» m'a produit! — Et quoi donc? —
» Voilà une idée plus extravagante en-
» core que les autres. — Voilà mes
» gens superficiels, qui prononcent sur
» tout sans avoir rien approfondi. Ré-
» pondez moi, monsieur, de quoi se
» forme et se grossit un animal quel-
» conque dans le sein de sa mère? —
» De la nourriture qu'elle lui commu-
» nique. — L'animal, nouveau né, est-
» il habile à produire au moment de sa
» naissance? — Il ne le sera que lorsque
» son corps aura pris l'accroissement né-
» cessaire.—A quoi devra-t-il cet accrois-
» sement et ses moyens prolifiques? —
» Parbleu, à ses alimens. — De quoi
» se composeront-ils? — De fruits, de
» légumes, d'herbes, pour la plupart
» des animaux. — D'où viennent ces
» fruits, ces herbes, ces légumes? —

» De la terre. — Donc la terre vous a
» produit.

» — Vous m'étonnez, mon cher Sou-
» langes. Je ne vous croyais pas si pro-
» fond. — Moi, mon ami, je ne sais
» rien. J'ai lu quelques livres, et les
» idées des autres font fermenter les
» miennes; c'est le coup électrique qui
» se communique de proche en pro-
» che. — Oh, nous parlerons encore
» astronomie; ces rêves-là en valent
» bien d'autres. — Ceux surtout qui
» échauffent le sang et la tête, et qui
» troublent le sommeil. — A propos de
» cela, Soulanges, passez-moi le por-
» trait : il est temps de redescendre sur
» la terre. — Le portrait? En écoutant,
» en répondant, vous l'avez mis dans
» votre poche. — C'est parbleu vrai.
» Vous me faites tout oublier, rusé
» que vous êtes. — Ce n'est pas moi,
» c'est l'astronomie. Vive la science! —
» Oui, quand j'en aurai.

» — Ces messieurs sont servis. —
» Dînons, Soulanges. Il est agréable de
» régir l'infini, le verre à la main.....
» Cette Sophie si séduisante, si aima-
» ble, si candide et si spirituelle vien-
» drait tout simplement d'une botte de
» céleri ! — Ou d'une truffe élaborée ;
» tous deux ont de la vertu. — Ce teint
» si frais, ces lèvres rosées seraient un
» composé de laitues, de concombres,
» de cresson ! — Un brochet, quel-
» ques côtelettes d'un mouton, formés
» comme elle, ont peut-être arrondi
» cette gorge que vous aimez tant, et que
» je soupçonne si jolie ! — Un verre de
» Pomard là-dessus. Je le bois à Sophie.
» — Mon ami, c'est boire aux laitues,
» aux truffes, aux brochets et aux cô-
» telettes. — Pas du tout, monsieur.
» En admettant qu'ils soient principes,
» ils le sont comme les couleurs qui
» entrent dans la composition d'un ta-
» bleau. Je jouis quand je vois les Sa-

» bines ; la palette a disparu. A Sophie
» et à David ! — A la comtesse ! — Et
» à tous ceux et surtout à celles qui
» concourent à embellir notre exis-
» tence !

» Soulanges, je fais une réflexion.
» Tout notre être vient de la terre, et
» y retournera pour être autrement
» modifié. Cela semblerait indiquer la
» fragilité des individus, mais l'éter-
» nité des espèces et des choses.

» — Sans doute, mon ami, la ma-
» tière est éternelle. Si on admet un
» commencement, rien n'existait, et
» il y a eu création. S'il y a eu créa-
» tion, il a fallu d'abord créer l'espace ;
» on ne saurait meubler un boudoir
» avant que la maison soit bâtie. Où
» mettre cet espace ? — Nulle part ? —
» Cela ne se peut pas. Dans une étendue
» déjà existante ? — L'étendue et l'es-
» pace sont la même chose, et si vous
» admettez l'éternité de l'étendue, vous

» devez admettre l'éternité de la ma-
» tière. Pourquoi le tout serait-il pos-
» térieur à la partie?

» — George, donnez-nous du café.
» — Point de café, George; ce sont
» des calmans qu'il faut à votre maître.
» — Vous en prenez, Soulanges; vous
» vous imposez une privation........ —
» Qui ne me coûte rien, si elle est utile
» à mon ami. Voulez-vous faire un
» trictrac? — Je le veux bien..... Une
» gorge faite avec des côtelettes!......
» — Six points d'école, mon cher. —
» Soit. Croire presser des lèvres de
» roses; et ne baiser que des radis
» rouges ou des betteraves!...... — En-
» core une école, mon ami. — Hé,
» comment voulez-vous que mon ima-
» gination se concentre dans un tric-
» trac, lorsque nous arrivons des ex-
» trémités de l'univers. — Lorsque
» nous arrivons des extrémités de l'u-
» nivers! Quelle tournure d'idée et de

» phrase ! Lorsque nous venons d'er-
» rer dans l'infini.

» — Monsieur, voici une lettre de
» madame de Miryille. — Donne, mon
» bon George, donne..... — Hé bien,
» que signifie cette dilatation de phy-
» sionomie, ces sauts, ces exclama-
» tions ? — Mon ami, je suis dans l'i-
» vresse. Sa mère consent que j'aille la
» joindre dans sa terre de Champagne.
» Elle permet que nos jours ne soient
» qu'une suite de jouissances et de fé-
» licités. — La mère est donc aussi
» folle que sa fille et que son amant.
» — Sophie m'annonce son départ avec
» les expressions de l'amour en délire.
» Elle emmène avec elle son architecte
» et son peintre décorateur. Sa mère
» et moi partirons à la fin du mois.
» Quelles sensations délicieuses l'espé-
» rance seule me fait éprouver.... Mais
» pourquoi attendre l'expiration de ce
» mois éternel ? Je me porte bien,

» très-bien, à merveille. Mon ami, je
» vais prendre la poste; je veux la de-
» vancer. Quelle surprise je lui mé-
» nage! Elle part; elle croit me laisser
» à Paris; elle soupire, en pensant à
» l'intervalle qui nous sépare, et qui
» s'agrandit à chaque instant. Elle ar-
» rive; je cours, j'ouvre la portière.
» Elle me reconnaît, elle jette un cri
» et se précipite dans mes bras. Je
» l'enlève, je la porte......... George,
» envoie chercher des chevaux. — Geor-
» ge, restez ici. — Par grâce, mon
» cher Soulanges, par pitié...... — Je
» suis impitoyable. — Mon ami, mon
» bon ami! — Vous ne partirez pas.
» — Je m'évaderai. — Je vous en dé-
» fie : je suis votre soleil; je vous sou-
» mets à la loi de l'attraction. — Si vous
» étiez immobile comme le soleil je ne
» vous craindrais pas. — Le soleil im-
» mobile! il tourne sans cesse sur lui-
» même. — Sans changer de place? —

« On le dit. — Hé bien, pirouettez ici,
« moi je m'en vais en Champagne. —
« En robe de chambre et en bonnet de
« nuit ? — Je m'habillerai au Palais-
« Royal. — Les savans ne sont pas de
« la même opinion sur le mouvement
« du soleil. — Oh, laissons là les sa-
« vans. — Il en est qui croient que tous
« les soleils possibles marchent en tour-
« nant sur eux-mêmes, d'occident en
« orient, entraînant avec eux les pla-
« nètes qu'ils régissent. — Cette opi-
« nion me paraît la meilleure. Com-
« ment supposer un corps céleste tour-
« nant sur lui-même, à la même place
« et n'étant sujet à aucune influence,
« qui le pousse ou l'attire ? Soulanges,
« la Champagne est pour Paris sur la
« route d'orient en occident : attirez-
« moi en Champagne. — Mon ami, on
« explique tout à présent, et la fixité
« du soleil comme autre chose. Vous
« avez vu quelquefois de ces rouages

« en artifice, qu'on place sur une
« nappe d'eau. On met le feu à l'arti-
« fice. La machine reste exactement à
« la même place, et tourne sur elle-
« même autant de temps qu'elle est
« soumise à l'action du feu. — Cette
« comparaison n'est pas satisfaisante.
« Votre artifice passe en deux minutes
« et le soleil est éternel. — Une com-
« paraison encore sur l'éternité du so-
« leil. Nous connaissons certaines mou-
« ches qu'on nomme éphémères, parce
« qu'elles ne vivent qu'un jour. Dans
« les infiniment petits, il existe peut-être
« des insectes qui échappent à toutes
« nos recherches, et dont la durée
« n'est que d'une seconde. Il en faut
« cent vingt pour deux minutes, et
« certes lorsque cent vingt généra-
« tions ont vu une même chose, elles
« sont fondées à la croire éternelle.

« Que répondriez-vous à un de
« ces insectes à secondes, qui vous

« affirmerait que le rouage d'artifice
« est éternel, parce que cent dix-
« neuf générations l'ont vu avant lui,
« et que sans doute des générations sans
« nombre le verront après ? — Je fer-
« merais la bouche à l'insecte, en lui
« répondant que j'ai vu le commence-
« ment de l'artifice, et que j'en vais voir
« la fin. — Si au lieu de vivre soixante
« ans, les hommes vivaient quelques
« millions d'années, vous trouveriez
« peut-être aussi quelqu'un qui aurait
« vu le commencement du soleil. —
« Prenez garde, Soulanges, vous voilà
« en contradiction avec vous-même. Si
« le soleil a commencé, que devient
« l'éternité de la matière ?

« — Je vais concilier ce qui vous pa-
« raît contradictoire. Il est constant,
« mon cher ami, qu'en 1572 on dé-
« couvrit une étoile nouvelle dans la
« constellation de Cassiopée; en 1664,
« on en découvrit deux dans l'Eridan,

« et il est convenu entre nous que les
« étoiles sont autant de soleils.

« D'où sont venus ces trois soleils-
« ci ? Du néant ? Le néant est un mot
« vide de sens ; il n'est du moins appli-
« cable qu'à une portion de matière qui
« change de modification, et qui, si elle
« avait de la mémoire, perd le souvenir
« de ce qu'elle a été. Ces soleils étaient
« sans doute des planètes, qui se sont
« embrasées, lorsque l'équilibre entre
« le feu et l'eau aura cessé à l'avantage
« du feu. — Oh, mon ami, s'il y a par-
« tout, comme ici, équilibre entre le feu
« et l'eau, que devient le système de
« variété infinie ? — J'avoue que je suis
« battu, pour avoir encore raisonné par
« analogie. Quelle que soit la cause de
« l'embrasement de ces trois planètes,
« il nous suffit de savoir qu'il s'est opéré
« en 1572 et en 1664, et que trois so-
« leils nouveaux nous sont apparus dans
« l'immensité des cieux. Si demain notre

« lune s'enflammait, nieriez-vous l'exis-
« tence de ce petit soleil-là, quelque
« incommode d'ailleurs qu'il pût être
« pour nous? — Non, sans doute, parce
« que j'aurais été témoin de ce grand
« changement. — Je vous l'ai dit : vous ne
« pouvez voir les planètes que régissent
« les étoiles, à cause de la faiblesse de
« leur lumière réfléchie et de leur ex-
« trême éloignement, et il n'y a ici de
« différence, pour votre entendement,
« entre notre lune embrasée et ces trois
« planètes devenues soleil, que dans le
« plus ou le moins de distance.

« — Des planètes qui se transforment
« en soleils ! cela est difficile à croire.
« Quel désordre une telle révolution
« doit occasionner dans les mondes voi-
« sins ! — Nous appelons désordre ce
« qui nous nuit individuellement. Ainsi
« une épidémie, qui moissonne des
« milliers d'hommes, un tremblement
« de terre, qui engloutit toute une gé-

« nération, sont désordre relativement
« aux victimes, et ne sont qu'une con-
« séquence forcée des lois générales.
« Ces nouveaux soleils doivent, par
« une suite de ces mêmes lois, forcer
« leurs lunes, s'ils en avaient, étant
« planètes, à venir se coller à eux, et
« à brûler avec eux, ce qui est très-
« malheureux, je l'avoue, pour les ha-
« bitans, s'il y en a, mais ce qui ne
« dérange en rien l'harmonie univer-
« selle. — Je vois l'harmonie qui régnait
« dans cette lune-là, furieusement dé-
« rangée. — Un homme meurt dans un
« petit village ; on l'enterre, et les au-
« tres continuent à jouir de la vie. Les
« habitans d'une planète ne sont pas
« plus pour l'infini, qu'un homme pour
« un village, et il n'y a encore ici de
« différence que du petit au grand.

« — Allons, vous avez réglé en sou-
« verain le sort des lunes attachées à ces
« planètes devenues soleils. Que faites-

« vous des planètes leurs voisines ? —
« Moins sujettes, par leur éloignement,
« à la force d'attraction, elles pren-
« nent un mouvement de rotation, et
« décrivent leur cercle autour du nou-
« veau soleil, planète hier, chef de
« mondes aujourd'hui.

« — Mon cher Soulanges, tout cela
« m'embarrasse fort. Si un corps céleste
« a un commencement comme soleil,
« il doit aussi avoir une fin, car ce qui
« alimente ses feux, ne saurait être im-
« périssable. — Impérissable! Ceci sera
« l'objet d'une nouvelle discussion. Mais
« je pense, comme vous, que les soleils
« finissent par s'éteindre. Nous savons
« que la constellation des Pléiades était
« composée de sept étoiles, et il n'en
« reste que six. Une autre étoile s'est
« éteinte dans la petite Ourse, une
« autre encore dans Andromède. — Et
« vous allez me dire, peut-être, que ces
« soleils sont devenus planètes et ont

« produit de nouveaux habitans ? — Je
« le dirai certainement. Je fais plus, je
« le crois.

« — Ainsi ces grandes masses suspen-
« dues sur nos têtes sont assujetties
« aux mêmes variations que nos petits
« corps si frêles, que nous aimons tant,
« que nous cherchons tant à conserver?
« — Sans doute, et ces variations sont
« plus ou moins lentes, en raison de
« la grandeur ou de la petitesse des
« masses ; mais elles sont certaines par-
« tout, sur tout, et j'y tiens essentiel-
« lement, parce qu'elles lient toutes les
« parties du système qu'il n'y a ni pro-
« duction, ni destruction. Tout varie,
« tout change de forme. Ce que nous
« appelons, très-improprement, putré-
« faction dans les animaux, n'est que
« la division des parties organiques,
« opérée par une multitude d'êtres, qui
« naissent pour s'en nourrir, et se réu-
« nir ensuite au grand tout.

« — Voudriez-vous bien résoudre une
« difficulté que je vais vous proposer ?
« — Très-volontiers, si je le peux. —
« Un soleil a brûlé des millions d'an-
« nées. Comment remplacez-vous la
« portion de matière que le feu a con-
« sumée ?—Rien ne se consume, mon
« ami. Le feu s'éteint par une raison
« inverse à celle qui l'a allumé.—Rien
« ne se consume ! Qu'est devenu le bois
« qu'on a mis ce matin dans ma che-
« minée ? — Une pincée de cendres.
« — Et vous prétendez qu'une pincée
« de cendres est égale au volume d'une
« bûche. Ainsi dans un boisseau de
« cendres vous me présenterez une fo-
« rêt.—Avez-vous vu quelquefois arra-
« cher un arbre ?— J'en ai vu arracher
« cent. — Tant mieux. Avez-vous ja-
« mais remarqué dans la terre une cavité
« égale en profondeur à la hauteur de
« l'arbre qu'on venait d'en extraire ? —

« Je n'ai vu de vide que la place qu'oc-
« cupaient ses racines. — De quoi donc
« était composé ce chêne qui étonnait
« par sa grosseur, son élévation, et
« l'étendue de ses rameaux ? — Pouvez-
« vous me le dire ? — Il se composait
« essentiellement d'eau, d'air et de feu.
« Le feu extérieur qu'on a appliqué à
« votre bûche a développé le feu inté-
« rieur ; l'air qu'elle renfermait s'est ré-
« pandu, plus ou moins chaud, dans
« votre chambre ; l'eau s'est exhalée en
« fumée ; la pincée de cendres est une
« faible portion de parties terrestres
« qui ont suffi pour unir entre eux les
« trois autres élémens, et faire un corps
« solide de choses, qui, en apparence,
« ont le moins de solidité. Pressez une
« éponge mouillée dans votre main,
« vous en expulsez l'air et l'eau ; vous
« la réduisez au dixième de son volume
« ordinaire, et vous ne lui avez ôté au-

« cune de ses parties. Il en est de même
« de ce que le feu paraît avoir con-
« sumé.

« — J'ai bien peur, mon cher Soulan-
« ges, que vous ayez raison. — Pour-
« quoi peur? — Quoi, le soleil peut s'é-
« teindre et la terre s'enflammer, et
« vous ne voulez pas que je tremble !
« — Tremblez-vous quand vous pensez
« à votre fin, que vous savez être iné-
« vitable? Ne venez-vous pas de la pro-
« voquer vous-même l'épée à la main ?
« Qu'importe que vous finissiez d'un
« coup d'épée ou de l'excès du froid,
« ou de celui de la chaleur ? Cette
« mort est-elle plus douloureuse que
« celle qui termine les maladies lon-
« gues et cruelles auxquelles est assu-
« jetti le sexe le plus aimable et le plus
« délicat ?

« Oui, mon ami, le soleil est sujet
« à des altérations. On a vu sa surface
« s'encroûter sur divers points. On y

« aperçoit, à l'aide des télescopes un
« grand nombre de bouches qui jettent
« des torrens de feu. Les bords de ces
« fournaises sont formés de croûtes noi-
« râtres, sensibles à la vue. Le soleil est
« donc un corps opaque qui brûle et
« qui doit s'éteindre quand son feu man-
« quera d'aliment.

« Après la mort de Jules César, la
« chaleur fut si faible pendant deux ans,
« probablement par l'effet de ces croû-
« tes, ou écume, que le soleil pousse
« par intervalles à sa superficie, qu'à
« peine les fruits et les légumes mûri-
« rent en Italie. Les augures n'auront
« pas manqué de dire que la fin du monde
« allait venger la mort de César, qui les
« payait; les gens éclairés auront réflé-
« chi; les gens raisonnables se seront
« résignés à finir quelques jours plus tôt.

« Si le soleil doit un jour redevenir
« planète, la terre doit, par une consé-
« quence toute simple, devenir soleil.

« Peut-être l'a-t-elle déjà été. Peut-être
« même a-t-elle fait partie de notre so-
« leil. Elle peut n'être qu'une de ces
« énormes croûtes que la force volca-
« nique, ou telle autre cause a lancée au
« loin dans l'espace. — La supposition
« est forte, autant que bizarre. — Hé !
« elle n'est pas trop dénuée de vraisem-
« blance. Par-tout on rencontre sur ce
« globe des traces d'un feu qui n'est
« plus. Par-tout on trouve des amas de
« pierres calcinées et noires, entassées
« sans ordre, et paraissant avoir été
« agitées dans tous les sens par la plus
« violente fermentation. Les pierres
« que ce globe produit lentement dans
« ses entrailles s'y forment au con-
« traire par couches horizontales et
« régulières.

« Au reste, que notre terre ait été,
« ou non, un soleil, son embrasement
« futur est présumable, d'après une
« observation cent fois répétée. La di-

« minution sensible des eaux laisse aux
« feux des volcans plus d'activité et plus
« de moyens de s'étendre. Ces volcans,
« mon cher ami, sont déjà un com-
« mencement d'incendie général. —
« Qui pourra fort bien, mon cher ami,
« ne pas s'étendre plus loin. Vous pré-
« tendez que les eaux diminuent. Moi,
« je suis fondé à rejeter une assertion
« que vous ne prouvez pas.

« — Saint-Omer, qu'on prétend être
« le *Portus-icius*, où Jules César s'em-
« barqua pour aller soumettre l'Angle-
« terre, est aujourd'hui à huit lieues de
« la mer. — Qu'on *prétend être*, dites-
« vous? Vous donnez une présomption
« pour une autorité. — Laissons le *Por-*
« *tus-icius*.

« Fréjus, ce port célèbre dans l'his-
« toire, qui recevait les galères romai-
« nes, n'existe plus. Son ancien bassin
« est séparé de la mer par un lac d'eau
« douce.

« Aigues-Mortes, où Louis IX s'em-
« barqua pour la conquête de la Pales-
« tine, est maintenant à plusieurs milles
« de la mer.

« Damiette, qui en est éloignée de
« dix milles à peu près, était située à
« l'embouchure du Nil, lorsque Louis
« IX l'assiégea et la prit.

« Le château de Rosette, en Egypte,
« n'était pas, il y a cent ans, à une por-
« tée de fusil de la mer : il en est pré-
« sentement éloigné de plus d'un mille.

« — Que prouvent ces faits-là ? Que
« la mer abandonne une partie de ter-
« rain pour en couvrir une autre. — Et
« qu'a-t-elle été couvrir, quand elle s'est
« retirée des sommets des plus hautes
« montagnes?—Ah, les cimes des Alpes
« ont d'abord été autant de petites îles ?
« — Oui, monsieur l'incrédule, et les
« corps marins, et les coquillages pé-
« trifiés qu'on y rencontre, prouvent
« la vérité de ce que j'avance. — Qui

« sait si autrefois il n'y avait pas là des
« cabarets, et de jolies marchandes
« d'huîtres à la porte ?

« — Mon ami, je ne plaisante jamais
« quand je défends mes opinions, et je
« vais vous écraser sous le poids des preu-
« ves. — Diable! — La montagne du can-
« ton de Lucerne, nommée le Champ du
« Belier, n'est qu'un amas de coquilla-
« ges de mer pétrifiés. Les collines des
« environs de Pise offrent à l'observa-
« teur des bancs d'écailles d'huîtres de
« deux à trois milles d'étendue. On voit
« de ces bancs à six lieues de Bordeaux,
« entre Condillac et Saint-Macaire. La
« substance des pierres qu'on tire de la
« montagne Saxenhausen, près de Franc-
« fort sur le Mein, n'est qu'un composé
« de petites coquilles pétrifiées. Il n'y a
« presque pas de province qui ne pré-
« sente le même spectacle à l'œil scru-
« tateur des secrets de la nature.

« Que répondrez-vous à Fulgose, au-

« teur italien, qui rapporte qu'en 1460,
« dans le canton de Berne, à cent bras-
« ses de profondeur, on découvrit un
« vaisseau tout entier, et dans ce vais-
« seau les ossemens de quarante per-
« sonnes ? — Je répondrai à Fulgose
« qu'il en a menti. — Nier un fait at-
« testé par une foule de témoins est
« une extravagance. Allez donc aussi
« au Champ du Belier, à Pise, à Bor-
« deaux, à Francfort et ailleurs, don-
« ner un démenti à vos yeux.

« — Ne vous fâchez pas, Soulanges.
« Ce n'est pas avec de l'humeur qu'on
« établit des vérités. Je crois tout ce
« que vous me dites ; mais permettez-
« moi de vous faire modestement une
« question. Que sont devenues ces eaux
« qui ont couvert des montagnes, éloi-
« gnées aujourd'hui de la mer de cent
« et de deux cents lieues ?—... Diable !..
« diable !... je ne sais trop que répon-
« dre à cela. — Il faut pourtant répon-

16.

« dre à tout, quand on veut faire pas-
« ser un système.

« Georges, pourquoi cuisez-vous ma
« limonade ici ? Je ne veux de feu que
« le matin. — Monsieur, il y en a si
« peu ! En faisant votre limonade moi-
« même, je sais comment elle est faite ;
« en la faisant ici, je suis toujours à
« vos ordres. — Prenez donc garde. La
« force d'ébulition enlève l'eau par-des-
« sus les bords du vase.—... Mon ami...
« mon cher ami, la difficulté que vous
« venez de m'opposer est résolue. —
« Bah ! qu'ont de commun les Pyrénées
« et ma cafetière ?

« — Il n'y a qu'un moment, l'eau
« montait au-dessus des bords de cette
« cafetière. Elle est diminuée de deux
« doigts; elle va diminuer encore. Quelle
« est la cause de cette diminution ? —
« Parbleu, elle est bien simple. L'eau
« se dilate par l'effet de la chaleur, et
« se resserre à mesure que cette chaleur

« se dissipe. Approchez-vous d'une
« prairie inondée, dont l'eau s'est con-
« gelée dans la nuit. Vous voyez son
« étendue diminuée de bien des pouces
« dans son pourtour, et vous recon-
« naissez encore des marques du sé-
« jour de l'eau qui s'est resserrée sur
« son centre. — A l'application. — Je
« vous en charge.

« — N'est-il pas convenu entre nous
« que le soleil doit s'éteindre un jour
« par la diminution successive de sa
« chaleur ? — Je ne nie pas cela. — Si
« vous admettez un refroidissement
« successif, nierez-vous que la chaleur
« du soleil fut, il y a un million d'ans,
« incomparablement plus forte qu'au-
« jourd'hui ? — Non. Cette seconde
« proposition est une conséquence de
« la première. — Mon cher ami, votre
« foyer est le soleil, et votre cafetière
« les Pyrénées. — J'entends. Le soleil
« par sa chaleur, incomparablement

« plus forte, a pu jadis dilater l'eau au
« point qu'elle ait couvert les plus hau-
« tes montagnes, et à mesure qu'il s'est
« refroidi, les eaux se sont retirées sur
« elles-mêmes. — Et continueront de
« se resserrer dans la proportion du re-
« froidissement du soleil. — Vous ne
« vous apercevez pas que vous faites
« de l'océan une omelette soufflée. —
« Pardonnez-moi, et vous saisissez
« parfaitement mon idée. Bravo ; bra-
« vo ! — Encore une difficulté à résou-
« dre. — Et laquelle ? — Comment les
« huîtres de ce temps-là, organisées
« comme celles d'aujourd'hui, suppor-
« taient-elles cet excès de chaleur ? —
« Tout devient habitude, mon ami.
« La chaleur, en Syrie, est communé-
« ment de cinquante à cinquante-cinq
« degrés. Le froid, en Laponie, est de
« trente à trente-cinq degrés. Il y a donc
« d'une température à l'autre la prodi-
« gieuse différence de quatre-vingt-dix

« degrés, et le Syrien et le Lapon se
« portent à merveille.

« — Je ne sais si vous avez raison ;
« mais je n'ai rien à répliquer.

« — La terre perdra insensiblement
« ses habitans par la diminution pro-
« gressive des eaux de la mer, qui sont
« la source des pluies et des rivières.
« Ce qui restera d'hommes se retirera
« dans les profondes vallées, passera
« vers les pôles, où long-temps encore
« existeront une fraîcheur et une fé-
« condité bannies du reste de la terre.
« Le globe enfin subira la grande révo-
« lution. Le feu intérieur s'étendra de
« toutes parts. Il remuera, il boulever-
« sera ce terrain où fleurissent les scien-
« ces et les arts et que nous foulons
« d'un pied tranquille. Par-tout il bri-
« sera les barrières qui le retiennent.
« Mille, dix mille, cent mille bouches
« volcaniques s'ouvriront, lanceront
« des torrens de lumière, et notre hum-

« ble petite terre figurera à son tour
« parmi les étoiles fixes et occupera les
« astronomes des autres mondes. — S'il
« y en a.

« J'espère, Soulanges, que ni nous,
« ni nos descendans ne seront témoins
« de ce dénouement-là. — Pour nous,
« il n'y a pas d'apparence ; mais je ne
« garantis rien pour nos descendans.
« Au reste, ces gens-là seront nos pa-
« rens de si loin, que ce n'est pas la
« peine de s'en occuper.

« — Mais lequel des deux maux se-
« rait le moindre que le soleil s'éteignît,
« ou que la terre s'embrasât ?

« — On demandait à Arlequin ce
« qu'il préférait d'être roué, ou pendu?
« il répondit ; j'aime mieux boire.

« — Arlequin et plaisanterie à part,
« dites-moi ce que vous pensez à ce
« sujet.

« — Si la terre s'enflamme, tout sera
« fini à l'instant pour ses habitans. —

« Hé, non. Nous sommes animaux
« d'habitude, vous le disiez tout à
« l'heure. — Ah, vous plaisantez à
« votre tour. — Je ressemble à ces
« gens qui ont peur la nuit, et qui
« chantent. Poursuivez.

« — Si le soleil s'éteint, notre terre
« roule dans l'espace, sans lumière et
« sans chaleur à sa superficie. Que d'a-
« larmes, de cris, de pleurs ! Aux ris,
« aux jeux, aux amours, à l'éclat de la
« renommée et de la puissance, suc-
« cède l'aspect affreux d'une mort pro-
« chaine, misérable et prévue.

« .... Mais bientôt on distingue une
« étoile fixe quelconque. D'heure en
« heure, elle s'agrandit à nos yeux;
« l'espoir rentre dans tous les cœurs;
« une douce chaleur pénètre nos mem-
« bres engourdis; nous avons retrouvé
« un soleil nouveau qui va rajeunir no-
« tre monde. On se cherche, on se
« mêle, on se parle, on rit, on danse,

« on célèbre le premier jour. Le danger
« commun, le besoin réciproque de
« secours ont fait oublier l'inégalité des
« rangs. Les souverains se communi-
« quent, les grands sont sans fierté,
« l'ambition et la guerre sont bannies
« par la catastrophe qui a prouvé le
« néant de la gloire. L'âge d'or vient
« de renaître.

« — Oh, mon cher Soulanges, quel
« tableau séduisant ! Vous me faites
« désirer la fin de notre vieux soleil. —
« Point de vœux indiscrets, mon ami.
« J'ai peint la grande révolution en
« beau : elle peut avoir des suites
« cruelles. Supposons au nouveau so-
« leil une force d'attraction telle que
« notre globe ne puisse y résister. Cette
« douce chaleur, qui nous ranimait il
« y a un moment, devient insuppor-
« table. Tout se dessèche, tout périt,
« pour être remplacé par des animaux
« et des plantes d'une organisation con-

» formé à cette nouvelle température.
» Ou si cette petite terre, toujours at-
» tirée, avance toujours et se colle en-
» fin à l'étoile brillante....... Ah ! mé-
» chant, vous allez tout brûler ensem-
» ble ! — Oui; mais notre terre, en
» compensation des habitans qu'elle a
» perdus, reçoit une portion de ceux
» du soleil, dont elle fait maintenant
» partie. — Vous mettez aussi des ha-
» bitans dans le feu ! — Et pourquoi
» n'en aurait-il pas ? Croiriez-vous, si
» jamais vous n'aviez vu de poissons,
» qu'un animal puisse vivre dans un élé-
» ment mortel pour vous ? N'y a-t-il
» pas une plante incombustible sur vo-
» tre planète, si aqueuse, si froide, si
» différente en tout du soleil par son
» état actuel ? Quoi, la nature aurait
» placé l'amiante ici, et rien de sem-
» blable dans le foyer universel ?

» — Laissons les habitans du soleil et
» les colonies de Salamandres qu'il en-

» verrait chez nous. Redonnons à no-
» tre pauvre petite terre l'équilibre heu-
» reux qui tout à l'heure y ramenait
» l'âge d'or. Rappelons-y la paix, l'a-
» bondance et les amours. Que tout
» aime, que tout s'unisse ! Que la beauté,
» plus belle encore par le plaisir, vole
» au-devant de son heureux vainqueur !
» Que le premier des devoirs soit de
» communiquer la vie, que le péril et
» la crainte ont rendue si précieuse ! —
» Ah ! mon ami, quel rôle brillant vous
» joueriez sur cette terre régénérée ! —
» A propos de cela, je n'ai pas répondu
» à Sophie, et voilà dix heures !......
» Vite, vite, du papier...... Ce n'est
» pas cela. Ce que j'écris est pauvre,
» insignifiant. J'ai la tête pleine de so-
» leils qui s'éteignent, de planètes qui
» s'embrasent, et le cœur froid comme
» un habitant de Saturne. Couchons-
» nous, Soulanges. Je répondrai de-
» main matin. »

Le fripon ! Je l'entends dire tout bas à George : « Je suis enfin parvenu à » le distraire pendant toute une jour- » née. » Ah! vous y mettez de l'amour-propre, monsieur de Soulanges ! Ah! vous caressez votre vanité ! Demain j'aurai mon tour.

CHAPITRE VII.

L'évasion.

Comme il dort! et il se croit amoureux!.. J'avoue cependant qu'hier son rêve astronomique m'a fait oublier mon cœur. Je le rétablis dans tous ses droits : les soleils, les planètes ensemble, ne valent pas un sourire de la beauté.

Il n'a pas pensé à m'escamoter de nouveau le portrait chéri, dont je me suis si peu occupé en écoutant son interminable bavardage. Je commence la journée en lui donnant les mille et un baisers que je lui dois : c'est ma prière du matin. L'un adresse la sienne à Brama, l'autre à Vitsnou, celui-ci à Fo, celui-là au Diable, moi à Sophie.

Je me lève; je me mets à mon secrétaire. Ce portrait m'inspire. Oh! comme j'écris! Professeurs d'éloquence, enseignez à sentir, supprimez les préceptes.

Il s'éveille, tranquille et frais, comme un chanoine de 1788. « Hé bien! mon
» ami, où en sommes-nous restés hier?
» — A l'amiante, mon cher Soulanges.
» Je brûle toujours, et, comme elle, je
» suis incombustible. D'après cela, je
» ne doute plus de l'existence des ha-
» bitans du soleil : voilà la discussion
» terminée.
» — Mon ami, l'amiante a d'autres
» propriétés.... — Mon ami, vous m'a-
» vez fait subir hier tout un cours d'as-
» tronomie. Vous avez aujourd'hui le
» projet de m'endormir sur l'histoire
» naturelle. Je vous préviens que je sais
» par cœur Pline, Pluche, Buffon, La-
» cépède et Cuvier. — Oh! tant mieux,
» mon ami. Je ne suis pas fort sur cette
» partie-là ; vous m'instruirez. — Je ne

» snis pas encore assez vigoureux pour
» parler une journée entière. L'atten-
» tion soutenue que je vous ai donnée
» hier a suffi pour déranger ma santé
» renaissante. Si vous le voulez, nous
» nous coucherons ce soir de très-bonne
» heure. — Je ferai ce qui vous con-
» viendra. »

Je veux éviter les conversations prolongées. J'ai besoin d'être tout à moi pour arranger un plan d'évasion.

« Ah! mon ami, j'ai oublié de vous
» redemander le portrait. Il me semble
» que vous en avez joui ce matin fort
» au-delà du temps convenu pour toute
» la journée. Voulez-vous bien me le
» rendre? — Oh! très-volontiers : ja-
» mais je ne manque à mes engage-
» mens. »

Une docilité apparente et une adresse réelle endorment l'Argus le plus vigilant. Je suis libre ce soir, je le jure par Sophie.

« George, portez cette lettre, et
» faites-nous donner à déjeuner.

» — Je vois avec plaisir que votre
» incommodité ne vous a pas ôté l'ap-
» pétit. — Et cet appétit me prépare
» une nuit excellente.... Hé bien! Sou-
» langes, que ferons-nous aujourd'hui?
» Moi, j'ai envie de tourner. — Et moi
» de peindre. Mais le jour est faux dans
» la pièce où Philippe a fait monter
» votre tour. — Peignez ici; moi, je
» tournerai là-bas. — Non, mon ami,
» non : nous sommes inséparables jus-
» qu'au jour que j'ai fixé. — Vous ne
» craignez pas que j'aille à midi courir
» les rues en robe de chambre et en
» pantoufles. — Vous en êtes bien ca-
» pable. — Quel homme! Voulez-vous
» que je fasse monter le tour ici ? —
» Cela vaudra beaucoup mieux.

J'appelle Philippe; je lui donne mes
ordres. Il m'amène un serrurier et un
maçon. Soulanges dessine; j'ai l'air de

regarder les ouvriers, et je ne vois rien. Ma tête fermente. Je raisonne, je calcule, je prévois tout.

Pas un habit, pas une culotte !...... Qu'importe ! puisque je ne sortirai que la nuit ? Les clefs qu'il fourre sous son oreiller...... Je les prendrai aisément : il dort comme un loir. Mais mon coquin de suisse, qui ne me laissera pas sortir ! J'aurai beau promettre, donner, menacer : il ouvrira de grands yeux, me répondra par un mot, et restera cloué dans sa loge. Voilà un obstacle qui me paraît insurmontable.

Descendre dans le jardin avec mes draps... Bah ! je n'ai pas encore recouvré toutes mes forces ; je me casserai le cou. Et puis, où trouver des échelles pour escalader cinq à six murs qui se présenteront entre moi et la rue ? Et les propriétaires de ces maisons et de ces jardins ? Un amoureux et un voleur, à califourchon sur une muraille, se ressemblent beaucoup. Si ma course nocturne se terminait par un coup de fusil...... Ma foi, je ne veux pas m'y exposer.

Comment ! je ne trouverai pas de moyen !...... Voilà qui est désolant, désespérant. Je sortirai cependant, je sortirai. Ce soir, je verrai, j'embrasserai ma Sophie. Elle m'opposera ma santé et la raison. Je lui ferai une douce violence, et je lirai mon pardon dans ses yeux.

« Monsieur, une dame demande à
» vous voir. — Est-elle jeune, jolie ?
» — C'est, je crois, la mère de madame
» de Mirville. — Soulanges, je redoute
» cette entrevue. — Ici, ou en Cham-
» pagne, elle est inévitable. — Madame
» d'Elmont ne doit pas me voir avec
» plaisir. — Songez qu'elle attend, et
» laissez des réflexions qu'il fallait faire
» avant de vous attacher à Sophie. —

» George, faites entrer, et retirez-
» vous. »

Madame d'Elmont se présente avec quelque embarras. Bien plus embarrassé qu'elle, je la salue, je lui fais avancer un siège; nous nous asseyons, nous nous regardons, sans nous rien dire. Il est des positions où deux individus s'observent mutuellement, et où chacun attend que l'autre le mette à son aise.

Soulanges intervint fort heureusement pour tous deux. « Madame est
» mère, bonne mère; elle souffre dans
» ses opinions et dans son attachement
» pour sa fille. Je la prie d'être persua-
» dée que le projet de se retirer en
» Champagne n'a pas été suggéré à ma-
» dame de Mirville. Mon ami a em-
» ployé au contraire ce que la délica-
» tesse et l'amour ont d'entraînant et
» de persuasif pour la déterminer à
» recevoir sa main.

« — Je considère beaucoup mon-
» sieur, et la démarche que je fais en
» ce moment est la preuve la plus cer-
» taine du prix que j'attache à son es-
» time. Des circonstances impérieuses
» ont arraché mon acquiescement à un
» plan de vie que je condamne. Je
» viens, monsieur, vous faire part de
» mes motifs, et essayer de me justifier
» auprès de vous.

» Ma fille, malheureuse par son ma-
» ri, a pris la résolution de ne jamais
» former de nouveaux nœuds. — Je le
» sais, madame. — Elle avait aussi ré-
» solu d'éviter l'amour, et de chercher
» dans l'amitié un bonheur calme et
» durable. Elle vous a vu; elle a cru
» trouver en vous l'ami qu'elle désirait.
» Elle s'est abandonnée aux sentimens
» que vous lui avez inspirés, elle s'y est
» abandonnée sans réserve, et vous sa-
» vez combien, dès leur origine, ils dif-
» féraient de la simple amitié. Éclairée

» trop tard sur la situation de son cœur,
» elle s'est flattée de le soumettre aux
» lois de la pudeur et de la bienséance.
» Cette espérance est la dernière illu-
» sion d'une âme pure. Aimer, est
» pour toutes les femmes se préparer
» une défaite; se confier dans ses forces,
» c'est l'assurer. Ma fille a succombé,
» et vos lettres qui la brûlent, et des
» sens rendus à leur impétuosité natu-
» relle, l'empêchent de regarder en ar-
» rière. Elle ne vit plus que dans l'ave-
» nir, et son existence est attachée à
» votre possession.

» Vous voyez, monsieur, que je
» n'ignore rien. Voici ce qu'il m'im-
» porte que vous sachiez.

» Quand madame de Mirville m'a
» appris où vous en étiez ensemble,
» et qu'elle m'a fait part de sa résolu-
» tion de..... de..... de vivre avec vous,
» monsieur, je tranche le mot, je lui
» ai opposé ce que la raison, soutenue

» de l'amour de l'ordre, a de plus fort et
» de plus vrai. Elle m'a constamment
» répliqué : le monde m'a condamnée
» innocente, que fera-t-il de plus main-
» tenant ? J'ai voulu la rappeler au sen-
» timent de sa dignité, lui inspirer cette
» noble émulation qui porte à réparer
» une faute. J'ai vu que le dessein de
» les multiplier n'était pas l'effet du dé-
» couragement, mais d'un besoin in-
» surmontable d'amour et de jouissance.
» Je me suis flattée d'affaiblir votre in-
» fluence, en rétablissant la mienne.
» J'ai cherché à m'insinuer dans ce cœur
» où naguère j'occupais une place mar-
» quante, et je l'ai trouvé plein de vous.
» Sans moyens, que ceux de l'autori-
» té, qui aliène et ne persuade jamais,
» j'ai laissé parler ma douleur. Elle m'a
» répondu par des larmes. Elle s'est
» mise à mes genoux ; je l'ai relevée et
» j'ai pleuré avec elle.

» Il est trop vrai, monsieur, que, par

» des circonstances indépendantes de
» votre volonté, ma fille est perdue
» dans l'opinion publique. Il ne lui est
» plus possible de se montrer dans Pa-
» ris ; il faut qu'elle s'en exile ; et, quel-
» que lieu qu'elle choisisse, elle doit y
» trouver le ciel avec vous, la mort sans
» vous : ce sont ses expressions.

» Il est des femmes dans la bouche
» de qui le mot désespoir ne donne pas
» même l'idée d'une affection pénible.
» Madame de Mirville ne connaît pas
» d'exagération ; et quand elle dit, j'en
» mourrai, elle a la conviction intime
» qu'elle mourra. Cet inconcevable
» amour me place entre des opinions
» que je respecte et la nécessité de les
» braver. Je n'ai que cet enfant, je
» l'aime avec la plus extrême tendresse ;
» et l'amour, ou si l'on veut, la faiblesse
» maternelle l'a emporté sur toutes les
» considérations.

» Qu'eussiez-vous fait à ma place,

» monsieur ? répondez en homme vrai ?
» — Mon plus cher intérêt à part, ma-
» dame, je vous proteste que je me
» serais conduit comme vous. — Je
» peux donc espérer, monsieur, que
» vous ne me verrez pas d'un œil dé-
» favorable, que vous ne me confon-
» drez pas avec ces mères faciles et même
» complaisantes, que le public, juste
» à cet égard, marque du sceau de sa
» réprobation ? — Moi, madame, vous
» jugerez par mon respect, mes soins,
» mes prévenances, de la force des sen-
» timens que votre dévouement m'ins-
» pire. »

Je me levai; je m'approchai d'elle;
je portai sa main sur mon cœur : « C'est
» celui d'un gendre, d'un fils; il se par-
» tagera entre Sophie et vous.... Votre
» gendre!...Je le serai, madame, dans le
» sens le plus étendu de ce mot. Sophie
» est tout amour, générosité, délicates-
» se. Ces sentimens s'étendront un jour

» sur un être innocent et aimable, au-
» quel elle devra un nom et un état. Elle
» consentira à lui donner l'un et l'autre.
» Je prendrai sa main, je la conduirai
» vers vous, et je vous dirai : Ma mère,
» bénissez-nous tous les trois. — Etrange
» situation ! ne pouvoir établir d'espé-
» rances que sur les suites mêmes du
» désordre ! n'importe : je saisis l'idée
» que vous m'offrez. Puissé-je voir le
» passé s'effacer de la mémoire des
» hommes ! puisse un avenir honorable
» s'ouvrir enfin pour ma fille ! puisse
» votre commun bonheur assurer celui
» de mes derniers jours !

» Nous partons demain. Toutes nos
» dispositions sont faites, et la triste
» vérité cachée, autant qu'il a dépendu
» de moi. J'ai persuadé à quelques per-
» sonnes, dont la discrétion n'est pas
» la première qualité, que ma fille vous
» a donné la main au moment où on
» désespérait de votre vie, et que les

» circonstances fâcheuses pendant les-
» quelles la cérémonie s'est faite, nous
» ont imposé l'obligation de la tenir se-
» crète. De nouveaux domestiques que
» j'ai arrêtés dans un quartier éloigné
» de celui que nous habitons, et qui
» n'ont point paru à l'hôtel, sont partis
» hier. J'ai chargé le maître-d'hôtel nou-
» veau d'annoncer dans le village le
» mariage récent de ma fille. Elle y arri-
» vera avec votre nom; et, si la fatalité
» qui me poursuit, révèle le genre de
» votre union, j'aurai la force de con-
» soler ma fille infortunée. Je lui répé-
» terai ses propres paroles : Le monde
» t'a condamnée innocente. Que fera-
» t-il de plus maintenant? »

J'étais touché jusqu'aux larmes. Madame d'Elmont me jugea et me pressa sur son sein. « On n'est pas sensible
» sans être bon. Vous ne verrez dans
» son éloignement pour le mariage
» qu'une bizarrerie, qui ne nuit à au-

» cune de ses qualités. Songez que votre
» estime lui est aussi nécessaire que
» votre amour, et que vous vous char-
» gez du bonheur du reste de sa vie. »

Que pouvais-je répondre ? trouve-t-on des mots qui expriment des sensations dont on ne peut se rendre compte à soi-même ? J'embrassai madame d'Elmont; mes larmes coulèrent en abondance; elles se mêlèrent aux siennes.... « Ah! me dit-elle, vous
» m'avez répondu. »

Je l'invitai à dîner avec nous. Elle s'excusa sur les embarras inséparables d'un départ très-prochain, et nous nous quittâmes infiniment satisfaits l'un de l'autre.

« Tout va bien, me dit Soulanges,
» et tout ira mieux encore si vous tenez
» votre parole à madame d'Elmont. Mir-
» ville n'a rien fait, et Mirville en valait
» bien un autre. — Moi, j'en vaux trois.
» — Je le sais; mais cela ne prouve rien.

» Tout dépend de la disposition des
» vaisseaux spermatiques, et de celle
» des trompes de Fallope. Vous ne
» savez peut-être pas.... — Je sais que
» vous allez me parler anatomie, et je
» vous sais bon gré de l'intention. Mais
» par grâce, mon cher Soulanges, laissez-
» moi à mes sensations ; elles sont dé-
» licieuses. — Et nuisibles. Vous voilà
» encore dans un état d'exaspération
» que je n'aime pas. Laissons les scien-
» ces qui vous ennuient, et prenons
» ce volant. J'aime mieux que vous vous
» cassiez les bras que la tête. — Lais-
» sons les sciences et le volant. — Vous
» y jouerez, ou je ne vous rendrai le
» portrait que dans huit jours. »

Oh! je compte bien, dans huit jours,
n'en avoir plus besoin.

Il ne veut pas céder ; il faut prendre
une raquette. Si le tour était prêt! Ah!
le volant a cet avantage, qu'on peut
penser en le chassant.

Mon entretien avec madame d'Elmont a ajouté au désir, au besoin de voir Sophie. Besoin irrésistible, et que je ne combattrai pas! Je hasarderai, je risquerai tout, ma santé, ma vie : mourir dans ses bras, c'est plus que vivre ailleurs. Je m'échapperai ce soir, je le veux. Je le veux! Et il ne m'est pas venu encore une idée satisfaisante!

Ah! on annonce madame d'Ermeuil et du Reynel. A merveille. Ceux-là dîneront ici : il ne me sera pas difficile de déterminer la comtesse. Soulanges aura de l'occupation; du Reynel digérera; moi je combinerai mes opérations.

« Je sais, messieurs, à quoi s'expose
» une jeune veuve qui rend visite à
» deux jeunes gens. Mais du Reynel
» m'a tant répété qu'il n'y a pas de dif-
» férence de lui à la plus grave ma-
» trone, que je me suis enfin laissé
» persuader. — Pensez d'ailleurs, ma-
» dame la comtesse, que visiter un

» pauvre malade comme moi est une
» œuvre méritoire, dont....... — Vous
» êtes trop aimable pour que le ciel me
» sache gré de rien. »

Il est à remarquer qu'en entrant elle a salué Soulanges d'un air très-indifférent. Elle ne lui adresse pas un mot qui puisse faire soupçonner leur intelligence, et c'est pour lui seul qu'elle est venue. Voilà pourtant comment il faut se conduire dans le monde, pour avoir considération et plaisir. Ah! si Sophie et moi avions été susceptibles de cette modération !.... L'amour vrai, cet amour qui agite, qui transporte, qui égare, est-il capable de rien calculer? La comtesse et Soulanges ne se doutent pas de ce que c'est qu'aimer.

« Charmant malade, voulez-vous
» nous donner à dîner ? — J'allais vous
» proposer de rester, madame la com-
» tesse : vous m'avez prévenu.

» Ce sera le dîner de noces, dit Sou-

» langes, quoique la mariée ne soit pas
» ici. — De quelles noces me parlez-
» vous, monsieur ? — Quoi! vous ne
» savez rien, madame? — Non en vé-
» rité. — Ni du Reynel? — Je ne m'en
» doute pas. — Madame de Mirville
» s'est rendue enfin. — Plaisantez-
» vous ? — Non, madame. Le mariage
» s'est fait ici ce matin, sans bruit, sans
» autres témoins que moi et George.
» — Ah! j'en suis enchantée. — L'é-
» pouse de notre ami et sa mère par-
» tent demain pour la province. Mon-
» sieur les ira joindre, quand il pourra
» être marié tout à fait. Ils vivront pour
» eux pendant un an, ou dix-huit mois.
» La malignité se lassera; les bruits qui
» circulent tomberont, et nos jeunes
» gens reparaîtront dans le monde avec
» un nouvel éclat. Si notre ami veut
» utiliser ses talens, il n'est point d'em-
» ploi auquel il ne puisse prétendre, et
» une grande fortune et une belle place

» mettent toujours les rieurs de notre
» côté. — Que je vous embrasse, mon-
» sieur le marié. — Mille remercîmens,
» madame, et du baiser et de l'intérêt
» que vous voulez bien prendre à notre
» félicité.

» Je n'embrasse pas, dit du Reynel,
» mais j'agis. Je dîne partout, et par-
» tout je dirai que cette pauvre petite
» Mirville, contre qui on s'est prononcé
» avec acharnement, est une femme
» tout aussi respectable qu'une autre,
» puisqu'elle a fini par épouser son
» amant. »

C'est là précisément ce que voulait Soulanges : un coup-d'œil me met au fait. Bon Soulanges, comment m'acquitterai-je envers toi?.... j'en trouverai peut-être l'occasion très-incessamment.

.... Je crois m'apercevoir que les pieds et les genoux ne sont pas en concordance avec l'air très-décent qui règne sur les deux physionomies. Cet air-là est sans doute le masque du sentiment... Allons, allons, quand on a la force d'en prendre un, on n'aime pas.

On boit à la mariée, au marié, à leur postérité, et voilà enfin de l'expression dans les traits de Soulanges. Le joli pied commence à produire de l'effet; le Champagne fera le reste.... Il leur faut du Champagne ! Oh ! les drôles de gens !

« Monsieur de Soulanges, qui m'in-
» terdit le café, permettra-t-il à ma-
» dame d'en prendre ? — Oui, mon
» ami, pourvu que vous me promettiez
» de n'y pas toucher. — Pas plus qu'au
» Champagne, mon cher Soulanges. Je
» sens la nécessité d'un régime modéré,
» et je m'y soumets pour trois semaines
» encore. »

Oui, compte là-dessus.

Du Reynel ne nous a pas adressé un mot. En revanche, il s'est extasié sur les talens de mon cuisinier, il a fêté tous les plats, sablé tous les vins et fini par deux tasses de café, afin, dit-il, de ne pas s'endormir en nous écoutant. Il faudra pourtant bien qu'il dorme.

Je remarque dans le maintien, dans les mouvemens de Soulanges quelque chose qui ressemble à de l'impatience... Voici le moment de m'acquitter.

«Du Reynel, passons dans mon ca-
» binet : je veux vous montrer quelque
» chose.

» Du Reynel, je vous le confie, dit
» Soulanges avec un empressement!...»
Je l'ai deviné.

Je tire un grand fauteuil; j'approche une table; je sors d'une armoire une très-belle optique, avec à peu près cent gravures, parfaitement coloriées, et je fais commencer à du Reynel un voyage autour du monde. Je lui explique très-haut et avec beaucoup de volubilité le sujet de chaque gravure. Je lui parle des mœurs, des usages des habitans avec autant de facilité que si je tenais à la main l'histoire générale des voyages. Je soutiens son attention, en imaginant de temps en temps quelque anecdote piquante.

Je le conduis ainsi de Paris au Japon. Là, je commence la longue histoire de ces missionnaires et de leurs prosélytes, que le gouvernement n'inquiétait pas, mais qui jugèrent à propos de renverser le gouvernement. Du Reynel commence à bâiller et je deviens plus diffus, plus lourd dans ma manière de conter. Plus d'inflexions variées; une monotonie à endormir des farfadets et des lutins..... Il s'assoupit!..... Bon du Reynel! il amène ici la comtesse pour..... Il ne faut pas qu'il s'en doute.

Je continue de parler; sa tête se renverse sur le dossier du fauteuil; ses bras tombent de son gros ventre à ses genoux : me voilà sûr de lui.

Ils sont occupés là-dedans; je pourrais m'échapper si ce cabinet avait une issue...

Hé, pourquoi ne partirais-je point par ma chambre à coucher ? Je présume que Soulanges n'est pas en position de courir après moi...... Mais la confusion de la comtesse, et ce diable de George, et Philippe, et les autres, qui sont sans doute en vedette de l'antichambre au bas de l'escalier, et cette robe de chambre, ces pantoufles.... Non, cela ne se peut pas.

Quel carillon !......, ils ont renversé mon trépied. Adieu ma cuvette et mon aiguière. Ils doivent être dans des transes ! il faut les rassurer. « Parbleu, Sou- » langes, vous avez une fureur de vo- » lant, qui ne ménage rien. Je dormais » auprès de du Reynel, et vous m'éveil- » lez en cassant mes meubles. » J'entends quelque chose d'un rire féminin qu'on s'efforce d'étouffer. Oh ! comme elle me croit sa dupe !

« Soulanges, que s'est-il donc passé là ? » — Le pied a glissé à madame. — Elle

» est tombée peut-être? — Ah! mon
» Dieu, oui. — Elle ne s'est pas blessée?
» — Oh! pas du tout. Mais je l'engage à
» ne plus jouer au volant sur un parquet
» ciré. » Le rusé! en me parlant, il s'approche de la porte du cabinet; il lève le rideau; il passe la tête par le carreau, dont j'ai brisé le verre; il me voit, tout au fond, étendant les bras, me frottant les yeux.....

Cela ne lui suffit pas. Il appuie le genou et le pied contre la porte. Il craint que je rentre trop tôt...... Je suis incapable d'un pareil trait. J'aime mieux passer pour un sot.

Il retire sa tête; il regarde derrière lui; il se remet à sa lucarne et me propose un piquet à écrire. Je juge que je peux paraître, sans inconvéniens pour personne. Je me lève, il ouvre la porte, et je trouve la comtesse.... une raquette à la main. Voilà de la présence d'esprit. C'est bien.

Je sonne pour avoir une table de jeu. Soulanges court à la porte de l'antichambre......... Le maladroit! il a sans doute donné un tour de clef, et il a oublié...... Une porte fermée, dans certaines circonstances, donne plus à penser qu'une porte ouverte. Je ne dois pas entendre rouvrir celle-ci. Je vais à mon cabinet chercher mon mouchoir...... que j'ai dans ma poche.

Nous jouons. Je propose de faire la chouette; on accepte, j'en étais sûr. Celui des deux qui ne jouera pas se tiendra derrière ma chaise; ses yeux pourront dire j'aime, et l'autre viendra lui répondre à la fin du *marqué*...... Tout s'arrange ainsi que je l'ai prévu.

Ah! du Reynel a fini sa méridienne. Le voilà. Il nous trouve les cartes à la main. Bien certainement il ne soupçonne rien. Le bonhomme!

On annonce l'équipage de la comtesse. Ces amours-là m'ont distrait; ils m'ont ramené aux miennes; ils m'ont rappelé à mes projets, à mes espérances; j'ai joué tout de travers. Ils ont été aussi distraits que moi; ils ont joué plus mal; mais ils ont eu les *as*; ils ont gagné; je paie.

Madame d'Ermeuil m'embrasse, sans doute pour autoriser Soulanges à lui demander un baiser. Il le demande, on lui en donne deux, et on me laisse en tête à tête avec l'homme qui va me prêcher les privations, accablé par la satiété. Oh! comme il va dormir!

Il me rappelle que j'avais l'intention de me coucher de très-bonne heure. Je réponds en lui souhaitant le bonsoir. Il congédie George, il ferme tout, prend les clefs; il les met à leur place ordinaire; il se couche; il s'endort.

Que vais-je, que puis-je faire?........ Rien. Projets de bonheur, résolution de tout surmonter, vous n'êtes plus que des illusions mensongères. Connaître Sophie, l'apprécier, brûler d'être auprès d'elle et ne trouver que des obstacles ! Oh ! ce supplice est affreux !

Quoi ! je passerais la nuit dans ce lit solitaire, uniquement parce que monsieur le veut ainsi ! Il reçoit ici sa maîtresse ; c'est presque sous mes yeux qu'il...... Et moi je me bornerais à des vœux impuissans ! non.

Le sort en est jeté. J'exposerais dix têtes, si je les avais. Je sors par la fenêtre.

Hé, mais...... Oh ! l'excellente idée ! Si j'osais.... Hé ! pourquoi pas ? Ce qui peut m'arriver de pis, c'est d'être découvert, et alors nous verrons.

Je me lève doucement, bien doucement. Je retiens mon haleine ; je m'approche du lit de Soulanges. Je prends sa culotte ; je la passe..... Hé ! elle ne me va pas très-mal.

Je mets ses souliers, son gilet, son frac. J'enfonce son chapeau sur mes yeux..... Je suis bien, fort bien. Un peu d'adresse, et mon suisse y sera pris.

Il dort, oh! il dort! Jusqu'ici tout va bien; mais le plus difficile est à faire : il s'agit maintenant de prendre les clefs.

J'avance la main, je la retire; je l'avance encore; je hasarde..... Je touche le bout d'une des clefs, et je m'aperçois que le paquet est précisément sous sa tête..... Impossible de les tirer de là.

Quoi! l'amour ne m'inspirera rien!... Ah! j'y suis, j'y suis. J'ouvre mon nécessaire; je prends des ciseaux; je fends le drap derrière le lit, tout le long du traversin. Je glisse ma main dans l'ouverture. Je tire légèrement, lentement, avec précaution. Le cœur me bat! oh!

C'est qu'il serait si dur d'être surpris, si humiliant d'être obligé de lui rendre ses habits, d'être en butte à ses plaisanteries!.... Non, non, le paquet se dégage; il ne tient plus à rien...... Le voici. Ah!

Allons, du courage. Ouvrons les portes, à présent..... Si la serrure, si les gonds crient !..... Je ne le crois pas. Soulanges a fermé, a ouvert, et je n'ai rien entendu. Je tâtonne un peu; la lampe de nuit est si loin ! Et je ne peux la déranger sans lui passer la lumière devant les yeux..... Bon, la clef entre.... La porte est ouverte.

Que vois-je ! George est couché dans la salle à manger. Cette pièce est éclairée par un réverbère suspendu. En baissant la tête sans affectation, il est impossible qu'on distingue mes traits. Avançons. Il ne dort pas ! Un peu d'audace me tirera d'affaire.

Je vais droit à lui; je m'approche de son oreille, et je lui dis très-bas : « J'ai
» une affaire pressante à régler pour ma-
» dame d'Ermeuil, et je ne peux trouver
» de moment plus favorable que celui-ci.
» Votre maître repose, et je serai de
» retour au plus tard à minuit. Cepen-

5

» dant il pourrait s'éveiller, et user contre
» vous de son autorité : je vais l'enfermer
» dans sa chambre. »

Je retourne effrontément à la porte, et je donne un double tour...... J'en tiens déjà un sous la clef.

Je traverse ma salle à manger, j'ouvre l'antichambre..... Ah! c'est monsieur Philippe qu'on a établi ici! Tudieu, comme les avenues sont gardées!

Dort-il, veille-t-il? il est immobile, la tête appuyée sur le poêle.... Donnons aussi un double tour à l'ami George..... Et de deux.

Philippe dort, une pipe à la bouche... Oh! le vilain! passons, et enfermons encore celui-ci...... Et de trois.

Je n'ai plus à tromper que mon cerbère. Mais le drôle est entêté..... comme un suisse. Allons, il faut prendre une démarche assurée, et enfoncer le chapeau un peu plus, si cela est possible. Je descends lestement; je m'arrête devant la porte de la loge et je frappe au vitrage..... S'il pouvait tirer le cordon tout simplement, sans se mêler de mes affaires!

Ah! parbleu, il a sa consigne comme les autres. Il ouvre sa chatière; il va me mettre une chandelle allumée sous le nez. « Le cordon. » J'ai grassayé à peu près comme Soulanges, et je me suis hâté de tourner le dos.

« Fous sortez, monsièr te Soulanches?
» — Le cordon. — Faut-il fous attendre?
» — Oui. Le cordon. — Foulez-fous
» que ch'appelle le cocher? Foulez-fous
» ein carrosse? — Je veux le cordon. »
Je m'avance toujours vers la porte qui reflète la lumière de la diable de chandelle, que le drôle a sans doute sortie de sa loge pour faire une inspection complète de ma personne......... Ah! coquin, tu ne metteras jamais un voleur dans de pareilles transes......... Bon, il a enfin rentré sa chandelle;

j'entends le bruit tant désiré du cordon; le ressort a joué......Me voilà dans la rue.

Que de ruse, que d'adresse sont nécessaires pour s'échapper d'une prison, puisqu'il en faut tant pour sortir de chez soi!

CHAPITRE VIII.

Cette fois-ci, c'est un crime.

———

Trick avait raison de me proposer un carrosse : il fait un temps affreux. N'importe, commençons par mettre une rue ou deux entre mon hôtel et moi.

Il pleut à flots. Je me donnerai la fièvre. Hé ! n'ai-je pas déjà celle d'amour ? Et puis quand Sophie me verra mouillé jusqu'aux os, elle me forcera à prendre un lit ; elle viendra causer avec moi, et le bord d'un lit est si près du milieu !

Bon, voici une place de fiacres. « Cocher, à moi...... Rue Grange-Batelière, numero 32. »

Oh ! quelle mine fera demain Soulanges en s'éveillant ! Il appellera George. Quelle mine fera George en reconnaissant sa voix ! Je les vois d'ici, se parlant par le trou de la serrure ; déplorant ma fuite, et s'appitoyant sur des résultats qui n'arriveront point : je suis de fer.

Ils veulent ouvrir les deux battans à la fois : chimère ! Mes pênes, fermés à deux tours, entrent de trois pouces dans leur gâche. George appelle Philippe ; Philippe le cocher ; le cocher le suisse ; le suisse le serrurier. Le temps s'écoule.... Heureux et tranquille, je déjeune avec ma Sophie.

Soulanges accourt. Il fait un vacarme épouvantable. Il adresse des reproches à Sophie. Sophie baisse les yeux et rougit. Madame d'Elmont l'appelle ; je lui présente la main ; je la mets dans sa voiture ; elle me dit un dernier adieu ; elle part. Je suis Soulanges avec la docilité d'un agneau. Je rentre ; je me jette sur mon lit ; je dors trente-six heures, et tout est réparé.

Le cocher arrête ; je descends ; j'ai la main sur le marteau.... Que vais-je faire ? Me présenter à onze heures ; il y a rien là d'extraordinaire. Mais passer la nuit ici, exposer Sophie aux réflexions de ses gens, à qui on n'a rien dit du mariage de convention, qu'on congédie, qui doivent avoir de l'humeur, et qui ne manqueront pas de répandre dans le monde...... Non, non, je ne la compromettrai pas davantage. Un instant, un éclair de bonheur, et je retourne, en homme raisonnable, me moquer de tous mes gardes du corps.

« Pendant que je raisonne ma conduite, la porte s'ouvre, une femme sort..... C'est elle, oh ! c'est elle ! « Monsieur, vos habits sont trempés; » vous voulez donc mourir ! — Je » venais prendre congé de madame de

» Mirville, qui part demain. — Après
» avoir fermé ma boutique, je suis
» venu voir Caroline, lui demander de
» vos nouvelles...... Je ne sais où
» j'en aurai demain. — Traverser Paris,
» à pied, par le temps qu'il fait ! — Que
» m'importe le temps ? — Mon hôtel
» est bien plus près... — On m'en a ban-
» nie, vous le savez. — Non, Fanchette,
» non ; Soulanges vous apprécie ; mais
» il m'aime. Il vous a fait des représen-
» tations, vous vous y êtes rendue ; il
» n'a pas eu la pensée cruelle de vous
» humilier : je ne l'aurais pas souffert...
» Fanchette, dans quel état vous êtes
» vous-même ! Tout entier au plaisir
» de vous voir, de vous parler, je vous
» laisse sous les gouttières. — Je ne m'en
» apercevais pas. — Montons dans
» ce fiacre ; nous y serons du moins à
» couvert.

» — Monsieur, faites-vous reconduire
» chez vous. — Et vous laisser seule,

UNE MACÉDOINE. 233

» à l'heure qu'il est, exposée à la pluie !
» Cocher, rue Saint-Antoine, n° 45. »

Excellente fille ! elle m'enveloppe les jambes de son schall. « Il est mouillé, » monsieur, mais il vous garantira de » l'action de l'air. » Elle passe un bras autour de moi ; elle m'attire contre son sein ; de l'autre main elle prend les miennes, elle les presse, elle les échauffe de son haleine...... « Ah ! » Fanchette, est-ce là que doit se por- » ter cette haleine de roses ? — Soyons » sages, monsieur. Je ne me console- » rais jamais si... si... » Ce ne sont plus mes mains que son haleine ré- chauffe.

« Cocher, marchez donc. Nous » irions plus vite à pied. — Je croyais, » monsieur, qu'on oblige un couple, » bien joli, bien amoureux en le me- » nant au pas. — Ventre à terre, et » double course.

» Le froid me gagne, Fanchette. —

» Faites retourner le cocher. — Je ne
» peux me résoudre à vous quitter....
» Je ne te quitterai pas. » Elle me couvre
le corps entier.... Avec quoi ? Elle n'a
ici qu'elle-même.

Nous arrivons, nous descendons.
Elle fait un grand feu. Elle m'approche
un fanteuil. Elle chauffe du vin et du
sucre. « Je ne vous laisserai pas ces
» vêtemens. — Que me donnerez vous ?
» — Rien. Mettez-vous dans mon lit.
» Je vais étendre vos habits devant le
» feu : ils sècheront. »

Me voilà dans ce lit, où j'ai été porté
mourant, où j'ai été pleuré de Fanchette, où elle a sucé ma blessure, où
elle m'a prodigué les soins les plus
tendres........Jouis de mon retour à
la vie : c'est à toi que je la dois.

Elle m'apprête une rotie ; elle me la
présente, comme ce restaurant à Chantilly.... avec un air d'intérêt si touchant, avec une grâce si naïve, une

modestie si attirante! La volupté a aussi sa pudeur.

Elle s'aperçoit qu'une douce chaleur commence à circuler dans mes veines. Elle retourne auprès du feu. « Ah! re-
» viens, reviens. Est-ce en vain que
» l'amour nous a réunis? — La pru-
» dence nous sépare. — Fanchette? —
» Monsieur? — Vous avez besoin de
» vous sécher comme moi. — Je le sais.
» — Il y a encore des chaises pour
» étendre votre robe, et de la place ici
» pour vous. — Je vais quitter ma robe,
» mais....... mais....... — Votre cœur
» dit-il non? — L'amour connaît-il ce
» mot-là? — Tu consens donc! — Je
» ne le peux. — Tu ne m'aimes pas.
» — Je vous adore. — Et tu consultes la
» raison! — La mienne se perd. — Un
» baiser seulement. — Si j'en donne un,
» j'en voudrai mille. »

Elle a quitté sa robe : elle ne pense pas à en prendre une autre. Elle est appuyée sur le pied de mon lit. Un bras fait au tour soutient sa tête charmante; son œil humide est fixé sur le mien.... Du vin chaud et une femme qui regarde ainsi, c'est trop de la moitié.

Les bouts d'un fichu, légèrement jeté sur ses épaules, se plissent sur ma couverture. J'avance doucement une main; je tire doucement le fichu. Elle soupire; mais elle s'approche un peu; un peu encore; un peu davantage...... Elle tombe dans mes bras. « Tu veux » mourir! ah! fais que je meure avec » toi. . . . .
. . . .

J'avais bien affaire de recommander d'acheter un lit si étroit! Comment faites-vous, quand vous ne trouvez pas de place pour deux?..... Comme nous fîmes Fanchette et moi.

« Monsieur, avez-vous dit au cocher » d'attendre? — Non, et vous? — Je n'y » ai pas même pensé. — Tant mieux,

» il ne pourra dire à personne qu'il m'a
» conduit ici. La boutique est bien fer-
» mée? — Oh, de manière à soutenir un
» siége. — Si on frappe, nous ne répon-
» drons pas.

» — Vous me faites faire une réflexion
» effrayante. — Et laquelle, Fanchette?
» — Quand monsieur de Soulanges s'a-
» percevra de votre évasion, il se mettra
» sur vos traces. — Il viendra droit ici...
» et il me fera une scène! — Mon ami, il
» faut nous séparer. — Fanchette, en-
» core une heure. — Pas une minute. »

Elle se dégage; elle s'élance; la voilà debout. « Tu me quittes, Fanchette!
» — Il le faut. — Je ne me suis jamais
» mieux porté. — Je veux ménager cette
» santé-là. — Oh! reviens, reviens. —
» Il me semble entendre monsieur de
» Soulanges. Je vous en prie, je vous en
» supplie, levez-vous. »

Elle me laisse. Elle va finir de s'habiller, je ne sais où. Certainement je me lèverai : que ferai-je ici sans elle?

Je ne peux m'empêcher de rire, en reprenant les habits de Soulanges.....

« Fanchette, Fanchette, il ne viendra » pas si matin : il n'a à sa disposition » que des robes de chambre et des pan- » toufles. Il faut qu'il envoie chez lui, et » un valet de chambre n'est pas levé à six » heures. »

Elle ne répond pas..... la boutique est ouverte........ Elle est sortie ; elle m'échappe. Elle veut décidément que je me retire..... Hé bien, je m'en irai, je m'en vais, piqué, outré, je ne reviendrai jamais.

Oh! j'ai pris mon parti. Me voilà déjà à l'orme Saint-Gervais.... Je trouve un café ouvert ; j'y entre ; je me fais servir du chocolat.... et je suis encore si plein de Fanchette, que je ne pense pas à m'assurer si j'ai de quoi payer. Peut-être y a-t-il de l'argent dans ces habits que j'ai pris à la hâte, et dont je n'ai pas visité les poches..... Douze, quinze, vingt-cinq louis! Soulanges les reprendra dans mon secrétaire, car bien certainement je ne retournerai pas chez moi; je suis las d'être en prison.

Idées de plaisir s'évanouissent peu à peu. Mes sens calmés me rendent à la raison, et mes réflexions m'épouvantent..... Malheureux, d'où viens-tu? de tromper indignement une femme qui t'adore, qui soupire après le jour où elle pourra te prodiguer tout son être, qui s'expose pour toi aux traits acérés du mépris, qui, dans le monde entier, ne voit, ne veut que ton amour.

Et Fanchette ne m'a-t-elle rien sacrifié? Belle comme Sophie, aimante comme elle, ne connaît-elle pas aussi cet abandon absolu, source inépuisable de volupté?

Mais Fanchette tient-elle à quelque chose? fixe-t-elle l'attention? a-t-elle des parens qui s'affligeront de sa peine, qui la partageront? Hé! n'a-t-elle pas assez d'elle-même pour aimer, jouir et pleurer?.....

Mais cette mère qui m'implore pour sa fille, qui lui croit mon estime nécessaire autant que mon amour, qui par conséquent me croit estimable moi-même, qui espère, qui se flatte que le bonheur de Sophie et le mien feront le charme de ses derniers jours, qu'ils en prolongeront la durée!... J'ai tout trahi, l'amour, la confiance et la délicatesse que ces deux sentimens devaient faire naître et soutenir dans mon cœur.

Fanchette, Fanchette! oh, cette fois-ci c'est un crime : je le sens à mes remords!

Homme faible, sans caractère, suffit-il du remords pour expier une inconduite révoltante? A quoi servent de vains regrets, s'ils ne te rendent pas sans retour à l'amante abusée, à qui tu as promis, à qui tu dois tout? Guéris d'une effervescence insensée qui prépare à Sophie des maux cruels et interminables. Sois homme, prends une résolution digne de toi, exécute-la sans balancer, l'honneur te le commande.

L'honneur! il t'a guidé jusqu'au moment où tu t'es soumis à l'empire des sens. Rétablis-le dans tous ses droits; que ta conduite soit telle, que tu puisses avouer hautement toutes les actions de ta vie future.

O ma conscience, ma conscience! ne me traites-tu pas avec trop de rigueur? Ai-je cherché une seule fois l'occasion?... Fanchette elle-même.... Les circonstances ont tout fait.

Leur suis-je tellement soumis qu'il me soit impossible d'en amener de favorables? Ne dépend-il pas de moi de m'éloigner de l'enchanteresse, d'aller chercher un asile contre moi-même entre les bras de Sophie? et quels charmes balanceront les siens, quand je ne verrai plus l'objet dangereux?...

Je n'ai que ce moyen de prévenir une chute nouvelle, puisqu'une inconcevable fatalité nous réunit toujours, Fanchette et moi. Je vais partir, je pars à l'instant même; je puis être rendu au château avant Sophie; je l'y recevrai; et, si Soulanges a été me chercher chez elle, elle croira que j'ai voyagé pendant toute la nuit. Ce mensonge sera le dernier qui aura souillé mes lèvres : je serai vrai avec Sophie, du moment où je ne vivrai plus que pour elle.

J'ai vingt-cinq louis, c'est beaucoup plus qu'il me faut. « Garçon, faites-
» moi avancer une voiture!... Cocher,
» boulevard italien, chez Jacob, carros-
» sier. » C'est le mien. Je prendrai une
» chaise de poste, et j'irai aussi vite....
que mon imagination.

« C'est cela, Jacob; voilà ce qu'il me
» faut. Des chevaux de poste à l'ins-

» tant, à la minute. Un louis à celui
» de vos gens qui ira me les chercher,
» s'ils sont ici dans un quart-d'heure.
» Je paye les guides comme un prince,
» et je veux être mené en conséquence. »

Personne ne peut soupçonner ce que je vais faire; personne ne viendra me chercher ici. Soulanges ne trouvera aucun indice chez Fanchette, et Sophie est probablement en route. Pauvre Soulanges! où ira-t-il?

Que de peines il s'est données pour me procurer une nuit.... Eloignons cette idée. Tâchons d'oublier jusqu'au nom de Fanchette.

Je vais causer avec madame Jacob. Cela me distraira, et m'aidera à attendre les chevaux.... Hé! hé! elle n'est pas mal du tout, madame Jacob. Trente ans, de l'embonpoint, de la fraîcheur, la main jolie, et elle entend à demi-mot. Elle répond de même, et montre, en souriant, les plus belles dents du monde.

J'entends le bruit du fouet; je salue madame Jacob, qui veut bien m'accompagner jusqu'à ma voiture, qui me regarde monter...., qui peut-être ne se ferait pas trop prier pour monter avec moi... Vaniteux!

« Postillons, à la Ferté-sous-Jouarre.
» Ventre à terre, et un écu par poste
» aux guides. »

Me voilà parti. Oh! comme je vais! Mon postillon veut gagner son écu.

Me voilà parti, c'est fort bien. Mais je n'ai pas un habit à mettre, pas une chemise, pas un mouchoir! N'importe; j'écrirai quatre lignes de Meaux, et Georges m'apportera ce qu'il me faut.

Diable! mais si on allait courir après moi? Bah! j'aurai vingt lieues d'avance quand on recevra ma lettre. Oui, j'écrirai, par toutes sortes de raisons. Je dois à ce bon Soulanges de le tirer le plus promptement possible de l'inquiétude où il doit être à présent.

« Postillon, au premier relais vous
» mettrez un courrier en avant. » Je
veux employer tous les moyens qui
peuvent accélérer ma marche.

Je commence à sentir que les forces
de cet homme, qui s'imagine en valoir
trois, sont bornées comme celles d'un
autre. J'éprouve dans tous mes membres une certaine lassitude..... Ma tête
s'appesantit..... Je m'endors.

« Monsieur !......... monsieur !......—
» Que voulez-vous ? — Vous êtes à la
» Ferté. — Ah ! qui donc a payé les
» postes ? — Ce sont les maîtres. Ils se
» sont payés les uns les autres jusqu'ici.
» — Et ils ne me connaissent pas. —
» Votre carrossier vous a nommé au
» postillon de Paris. — Et mon nom a
» suffi pour me faire avoir du crédit ?
» — On vous aurait mené ainsi jusqu'à
» Strasbourg, si vous n'aviez dit, en

» partant, que vous alliez à la Ferté. »

Je jouis donc en effet de quelque considération. Ma foi, vanité et Fanchette à part, je crois que je la mérite.

Avec quelle liberté d'esprit je nomme Fanchette ! Que l'homme du matin ressemble peu quelquefois à l'homme du soir !

« Quelle heure est-il ?... Onze heures.
» Quinze lieues en cinq heures, c'est
» bien aller. Vous êtes de braves gens.
» Ah ! il faut que j'écrive, et que je
» paye, et que je déjeune : la tasse de
» chocolat est déjà loin.

» Un poulet froid ! bon, c'est cela,
» c'est excellent. Vite, vite, je n'ai pas
» un moment à perdre.

» Du papier, une plume et de l'encre
» sur la même table.... Postillon, voilà
» votre argent. Des chevaux dans un
» quart d'heure. »

Je mange, j'écris, je bois, tout ensemble. Pauvre Soulanges, que dira-t-il

en recevant ce billet? Que je suis incorrigible, et il aura raison. « Ah! mon
» cher Soulanges, renvoyez-moi ce
» portrait, qui va me devenir inutile;
» mais auquel la bonté délicate qui me
» l'a offert, donne un prix toujours
» nouveau. Joignez-y les lettres de Sophie, des habits, du linge de toute
» espèce, et de l'argent. Adieu, l'homme.... l'homme aux précautions inutiles.

» Postillon, à Montmirel. »

Me voilà reparti. Sophie est-elle passée, est-elle derrière moi? Le dernier postillon n'a pu me rien dire, et je n'ai pu, moi, interroger les autres en dormant. Je saurai quelque chose à la poste prochaine....

Non, il n'est pas passé ici de berline; on n'y a pas vu de dames de toute la journée. C'est moi qui lui ferai les honneurs de son château........ Tendre et confiante Sophie! Elle me tiendra compte de tout; elle me plaindra d'avoir passé une nuit...... Oh ! ne parlons plus de cette nuit-là. Ne voyons, ne pensons, ne rêvons que Sophie. Vivons pour l'adorer et le lui prouver à chaque instant du jour. Transformons sa terre en un lieu nouveau. Que l'amour y déploie ses charmes et sa puissance !

J'ai dépassé Montmirel; je vais arriver à Vatry. C'est là qu'est ce château où deux êtres, isolés du monde entier, vont se suffire à eux-mêmes, et s'oublier au sein de la plus pure félicité.

Parbleu, il faut que j'avoue que personne ne voyage comme moi, et que j'arrive partout d'une façon extraordinaire. A Erméuil, en veste de nankin, en culotte de peau, et perclus de tous mes membres; ici, avec des habits escamotés à leur propriétaire, qui me vont..... à peu près; et je n'ai pas le moindre petit paquet. Comment serai-je reçu par des domestiques qui ne me connaissent pas? Ils vont me prendre pour un aventurier, et, s'ils sont prudens, me mettre à la porte de chez moi..... De chez moi! ce n'est pas encore le mot propre. Il le deviendra, je l'espère, je le crois, j'en suis sûr; je l'ai promis à madame d'Elmont, et cette promesse est si douce à remplir!

Ne l'ai-je pas dit? le maître d'hôtel me reçoit plus mal encore que La Roche; il me toise de l'œil; il fronce le sourcil; il écoute, en secouant de temps en temps la tête, l'histoire assez peu vraisemblable que j'ai arrangée en route. Je suis sur les marches du vestibule; le maître d'hôtel barre la porte vitrée, et demeure immobile. Le prendre par le collet, l'envoyer dix pas en arrière, serait le moyen de tout terminer. Mais quelle manière de prendre possession d'un château! Et puis, ce maître d'hôtel n'est pas seul ici : je ne veux pas renouveler la scène de l'oncle Antoine et de maître Jacques. Les voies de conciliation sont toujours les plus sages, et ce sont celles que je vais employer.

« Monsieur, vous parlez très-bien ;
» vous avez même l'air d'un fort hon-
» nête homme; mais un honnête hom-
» me et un fripon se ressemblent beau-
» coup. Nous attendons madame de
» minute en minute; mais madame
» n'a point parlé de monsieur, et mon-
» sieur est un personnage assez mar-
» quant pour qu'on ne l'oublie pas.
» Monsieur, que l'usage devrait avoir
» placé dans la voiture de madame,
» arrive seul, sans domestiques, sans
» effets, en linge sale, habillé de façon
» à faire douter que ses vêtemens aient
» été faits pour lui; et monsieur doit
» sentir que ces circonstances réunies
» ne prouvent pas en faveur de sa vé-

» racité. Je conseille à monsieur d'aller
» s'établir ailleurs, et, quel qu'il soit,
» il conviendra intérieurement que je
» fais mon devoir.

» —Il faut donc que j'aille m'instal-
» ler dans un cabaret de village? —
» Pourvu que monsieur n'entre point
» ici, je le laisse maître absolu de ses
» actions. — C'est très-honnête. Vou-
» lez-vous bien au moins faire remiser
» ma chaise de poste? — Oh! selon les
» apparences, elle ne restera pas long-
» temps ici, et il sera tout aussi facile
» de la prendre dans la cour que sous
» la remise. »

Il tire à lui les portes en bois, met les crochets, et me laisse en effet maître absolu de mes actions.

Allons, cherchons un cabaret. Dînons-y, restons-y jusqu'au dénouement.

J'entre dans une maison de très-mince apparence. J'y serai probablement fort mal.......Ah! une heure est bientôt écoulée, et c'est tout ce que je peux avoir en avance sur Sophie.

Bon, le cabaret est en face du chemin de Montmirel. Je verrai arriver la femme charmante..... Non, je courrai au-devant de la voiture, dès que je l'apercevrai. La presser sur mon cœur cinq minutes plus tôt, c'est gagner une année.

« Que veut monsieur ? — A dîner.
» — Voulez-vous du lard salé ? — Des
» œufs frais. — Nous avons une gibe-
» lotte de lapin. — Des œufs frais. —
» Une épaule de mouton bouillie. —
» Des œufs frais, des œufs frais. — Des
» œufs frais, soit. »

A la fin de ce court dialogue, je vois entrer, dans la chambre où je me suis mis, deux gendarmes, le sabre au côté, et des pistolets à la ceinture. Ils viennent me regarder sous le nez. Je n'aime pas cela, et je me retire à l'autre extrémité de la chambre. Les gendarmes m'y suivent. « Dites-moi, messieurs, où » vous avez appris à vivre ? — C'est » nous, monsieur, qui l'enseignons aux » gens de votre espèce, et nous allons » vous donner une première leçon. » Voulez-vous bien nous accompagner » chez monsieur le maire du lieu ?— » Je n'ai rien à faire chez lui. — Mais » il désire vous parler. »

Ce diable de maître d'hôtel a fait quelque *quiproquo*. Mes gendarmes insistent; et ce que j'ai de mieux à faire, c'est de les suivre, accompagné, selon l'usage, de toute la canaille de l'endroit.

Monsieur le maire est un bon Champenois, dans toute l'étendue du mot; et une bête en place est toujours une bête redoutable. Il est temps que Sophie arrive et me reconnaisse, ou, selon les apparences, les choses vont mal tourner.

Ah! c'est la fille du maire qui lui sert de greffier ! Le procès-verbal sera bon à lire..... quand je serai sorti d'ici.

« D'où êtes-vous? — De Paris. —
» Votre nom? — De Francheville. —
» Vos qualités? — Je n'en ai pas. —
» Votre état? — Je n'en ai pas. — Vos
» papiers?—Je n'en ai pas.

« —Que l'accusateur paraisse. » On fait entrer le maître d'hôtel. « Connais-
» sez-vous ce monsieur-là? — Que trop,
» parbleu. — Mais il ne vous connaît
» pas.—Oh! il me connaîtra bientôt.
» —En attendant, je vous envoie en
» prison. — En prison, moi! — Tout
» comme un autre.

» —Un moment, s'il vous plaît. En-
» voyez à Montmirel : je suis connu à
» la poste. » Si j'avais retenu mon postillon un instant de plus, rien de tout ceci n'arriverait. « Que j'envoie à Mont-
» mirel ! La gendarmerie y va demain :
» elle vous y conduira, et là vous vous

» expliquerez à votre aise. En prison.
» — Mais, monsieur le maire... — Pas
» de mais. — Si.... — Point de si. En
» prison, en prison. »

Parbleu, c'était bien la peine de m'évader de celle de Paris, pour venir ici en poste me faire remettre dans une autre, qui sans doute ne vaudra pas la première.

« Où diable me fourrez-vous là ? —
» Oh ! vous n'y serez que jusqu'à de-
» main, et une nuit est bientôt pas-
» sée. » Ils m'ont logé dans le bas d'un colombier, où je peux à peine me tenir debout, et les pigeons font un carillon infernal sur ma tête. La porte est solide, et ils ont tiré deux gros verroux sur moi !... Le joli traitement qu'ils me font là ! Deux bottes de paille, du pain et de l'eau. Le concierge ne me brusque pas ; mais il a pris ses précautions : pendant qu'il monte mon ménage, deux grands drôles sont en

faction en dehors de la porte, armés chacun d'une fourche, dont les dents sont d'une longueur!...

« Monsieur le concierge, je voudrais
» un meilleur ordinaire que celui-là.
» — Combien voulez-vous dépenser ?
» — Six francs. — Toutes mes provi-
» sions ne les valent pas. Donnez-moi
» vingt sous, et vous dînerez comme un
» prince. »

Ce geolier-là ne sait pas encore son métier.

Ma foi, je suis encore mieux ici qu'au château d'Ermeuil au moment de mon arrivée : je vais dîner comme un prince, et je ne suis pas menacé de la sauce piquante.

Diable! diable! le temps s'écoule bien lentement. Il est inconcevable que Sophie ne soit pas arrivée, et il n'y a qu'elle qui puisse me tirer d'ici...... Peut-être est-elle au château, et dans les premiers momens d'embarras, ce maudit maître d'hôtel n'aura pas pensé à parler de moi.

Ah! voilà le geolier, et son dîner de prince : une gamelle garnie de pommes de terre, et une bouteille de vin du crû. Quelle pénitence je vais faire là! Il faut rire, ou se désoler. Ma foi, j'aime mieux rire. Du Reynel s'arracherait les cheveux. Oh! que n'est-il ici?

« Monsieur le concierge, allez au châ-
» teau, et sachez si madame de Fran-
» cheville est arrivée. » Madame de Francheville! Que ce nom raisonne agréablement à mon oreille! Je vais devoir à cette femme céleste ma liberté d'abord, et les plus douces jouissances de l'amour. Que le bonheur me paraîtra précieux, acheté par cette courte épreuve!

Elle est un peu dure cependant. Hé! notre vie entière est-elle autre chose qu'une suite d'alternatives de bien et de mal! Qu'est-ce que le repos sans le travail, et l'amour sans contrariétés?... Ah! mon cœur n'en a pas besoin. Il sera toujours le même. Sophie y régnera toujours.

Elle n'est pas arrivée, dit le concierge. Voilà qui devient inquiétant. Une roue brisée, la voiture versée dans un fossé, dans un précipice, des voleurs... Que sais-je ? « Mon ami, mon cher ami, re-
» tournez au château ; dites au maître
» d'hôtel que madame devait être ici à
» peu près aussitôt que moi ; qu'il lui
» est arrivé quelque accident ; que je
» veux, que je lui ordonne de monter
» à cheval ; que tous les domestiques y
» montent ; qu'ils courent sur la route
» de Paris, et qu'ils ne reviennent que
» lorsqu'ils pourront me donner des
» nouvelles de leur maîtresse. »

Le maraud me rit au nez. « J'veux,
» j'ordonne ! n'dirait-on pas qu'c'est
» vraiment l'seigneur du village qui
» parle. » Il ferme mon guichet et me laisse en proie aux idées les plus affligeantes.

Dix heures sonnent à l'horloge de

l'église !.... Je ne m'occupe plus de moi ; je suis tout à Sophie. Mon imagination alarmée ne me présente que de sinistres tableaux. Attente insoutenable, cruelle anxiété ! Oh ! si j'étais libre, je volerais au-devant d'elle, et peut-être de la plus poignante des infortunes.... Cette porte de fer ; il m'est impossible de l'ébranler.

Onze heures !.....

Minuit !..... Je ne me possède plus.... Il faut sortir d'ici.... Et comment ? Je n'ai pas observé les lieux, je suis dans les ténèbres et dépourvu de toute espèce de ferrement.

Je me roule sur cette paille.... Je me relève.... je marche.... J'accuse les hommes, les élémens, la fortune ; j'invoque l'amour et le retour de la lumière... Une heure sonne ! Je me rejette sur ce lit de douleurs, accablé, anéanti.

FIN DU TROISIÈME VOLUME.

TABLE
DES
CHAPITRES.

CHAPITRE PREMIER. *Le Duel.*
　　　　　　　　　　　Page　1
CHAPITRE II. *La Convalescence.*　26
CHAPITRE III. *Oh! comme la santé me revient!*　53
CHAPITRE IV. *Les deux Lettres.*　54
CHAPITRE V. *Arrangement de ménage.*　95
CHAPITRE VI. *Roman astronomique.*　127
CHAPITRE VII. *L'évasion.*　196
CHAPITRE VIII. *Cette fois-ci, c'est un crime.*　229

FIN DE LA TABLE DES CHAPITRES.

www.ingramcontent.com/pod-product-compliance
Lightning Source LLC
Chambersburg PA
CBHW070618170426
43200CB00010B/1828